LIVRES PARA OBEDECER

daVinci

EDITOR
Daniel Louzada

TRADUÇÃO
Clóvis Marques

PREPARAÇÃO
Cássio Yamamura

CAPA
Maikon Nery

PROJETO GRÁFICO E DIAGRAMAÇÃO
Victor Prado

LIVRES PARA OBEDECER

A gestão, do nazismo aos nossos dias

Johann Chapoutot

1ª REIMPRESSÃO

Clóvis Marques
TRADUÇÃO

da vinci

RIO DE JANEIRO, 2025.

© Da Vinci Livros, 2023.
© Éditions Gallimard, 2020.

Este livro, traduzido do original em francês, foi publicado pela Éditions Gallimard com o título *Libres d'obéir — Le management, du nazisme à aujourd'hui*.

IMAGEM DA CAPA
Colagem de Maikon Nery sobre imagem de domínio público.

É vedada a reprodução total ou parcial deste livro sem a autorização da editora.

Primeira edição: setembro de 2023.
Primeira reimpressão: fevereiro de 2025.
Rio de Janeiro, Brasil.

Dados Internacionais de Catalogação na Publicação (CIP)
Odilio Hilario Moreira Junior CRB — 8/9949

C466r   Chapoutot, Johann
Livres para obedecer: a gestão, do nazismo aos nossos dias / Chapoutot, Johann; traduzido por Clóvis Marques. — Rio de Janeiro: Da Vinci Livros, 2023. 164 p.; 13,8cm x 21cm.

Tradução de: *Libres d'obéir — Le management, du nazisme à aujourd'hui*
Inclui índice

ISBN 978-65-84972-04-9

1. Nazismo. 3. Gestão. 3. Capitalismo.
I. Marques, Clóvis. II. Título.

                                      CDD 940.5318
2023-2132   CDU 94(100)"1939/1945"

Índice para catálogo sistemático:
1. História 940.5318
2. História 94(100)"1939/1945"

DA VINCI LIVROS
Livraria Leonardo da Vinci
Av. Rio Branco, 185 – subsolo – lojas 2-4
Centro – Rio de Janeiro – RJ – 20040-007
davincilivros@leonardodavinci.com.br
www.davincilivros.com.br
www.leonardodavinci.com.br

Para Hortense Chapoutot
For, like a rainbow, she comes in colours

PRÓLOGO *9*

1   PENSAR A ADMINISTRAÇÃO
DO GRANDE *REICH*   *21*

2   DEVE-SE ACABAR COM O ESTADO?   *33*

3   A "LIBERDADE GERMÂNICA"   *49*

4   GERENCIAR E ORGANIZAR
OS "RECURSOS HUMANOS"   *65*

5   DA SS À GESTÃO: A AKADEMIE
FÜR FÜHRUNGSKRÄFTE DE
REINHARD HÖHN   *81*

6   A ARTE DA GUERRA (ECONÔMICA)   *97*

7   O MÉTODO DE BAD HARZBURG:
LIBERDADE DE OBEDECER,
OBRIGAÇÃO DE TER ÊXITO   *111*

8   O CREPÚSCULO DE UM DEUS   *127*

EPÍLOGO   *137*
ORIENTAÇÃO BIBLIOGRÁFICA   *153*
ÍNDICE ONOMÁSTICO   *159*

PRÓLOGO

Eles parecem-nos decididamente estranhos e estranhamente próximos, quase nossos contemporâneos. "Eles" são os criminosos nazistas que um pesquisador de história especializado nesse período observa, em suas vidas e seus atos, lendo seus textos e reconstituindo seu universo mental e seu percurso.

Decididamente estranhos pelas ideias e experiências de vida. Nós não somos velhos soldados nem cães de guerra como um Dirlewanger[1] ou um Krüger,[2] ex-combatentes das trincheiras transformados em profissionais do massacre e do terror. Não somos maníacos de violência e controle, professores de assassinato como Heydrich[3] ou Himmler. Pela dureza, pelo fanatismo, mas também pela mediocridade, sentimos em relação a todos eles uma distância que já é frisada pelo preto-e-branco das imagens e o corte dos uniformes.

---

1 Christian Ingrao, *Les Chasseurs noirs. La Brigade Dirlewanger*. Paris: Perrin, 2006.
2 Nicolas Patin, *Krüger, un bourreau ordinaire*. Paris: Fayard, 2017.
3 Robert Gerwarth, *Hitler's Hangman. The Life of Heydrich*. New Haven: Yale University Press, 2011.

O que também se aplica a Herbert Backe.[4] Backe é um homem de outra época e outro lugar que se tornou opaco e distante em virtude de um estado civil exótico e de uma vida que nenhum de nós conhece nem imagina. Nasceu no Império dos Czares em 1896, pois seu pai, comerciante, lá fazia negócios. Frequentou o colégio em Tiblissi, capital da Geórgia, onde também vivia o jovem Stalin. Feito prisioneiro como civil alemão entre 1914 e 1918, estudou agronomia ao retornar à Alemanha. Dizendo-se especialista da Rússia, que afirmava conhecer bem, tornou-se um racista convicto, certo da superioridade biológica e cultural dos alemães, destinados, segundo ele, a dominar os vastos espaços férteis da Europa oriental. Membro do partido nazista, agricultor, fez carreira na política. Chefe de seção administrativa, deputado na Landtag[5] da Prússia, ainda cultivou o trabalho teórico. Em sua brochura de 1931 intitulada *Camponês alemão, desperte!*, ele preconiza a colonização do leste europeu e ostenta declarado desprezo pelas populações locais, consideradas na melhor das hipóteses simples auxiliares da prosperidade alemã.

---

4   Joachim Lehmann, "Herbert Backe, Technokrat und Agrarideologe", em Ronald Smelser, Enrico Syring e Rainer Zitelmann (dir.), *Die braune Elite II. 21 weitere biographische Skizzen*. Darmstadt: Wissenschaftliche Buchgesellschaft, 1993, pp. 1-12. Herbert Backe, *Deutscher Bauer, erwache! Die Agrarkrise, ihre Ursachen und Folgerungen*. Munique: Boepple, Nationalsozialistische Agrarfragen, 1931.

5   Assembleia representativa e legislativa da unidade territorial e política conhecida em alemão como Land; também chamada de Dieta. [N.T.]

Por trás dos óculos e dos traços finos, Backe é um violento, um radical — o que agrada a Himmler, chefe da SS,[6] e a seu especialista em questões agrícolas, Richard Darré, com quem Backe trabalha a partir de 1933 como secretário de Estado no Ministério da Agricultura, vindo a substituí--lo como ministro de fato em 1942. Nesse meio tempo, ele se torna, em 1936, o especialista em agricultura da gestão do Plano Quatrienal a cargo de Hermann Göring, ao qual recomenda em 1941 uma política de imposição sistemática da fome nos territórios do Leste que o *Reich* se prepara para conquistar e colonizar. Pai de um "Plano Fome" que previa alimentar o *Reich* com víveres subtraídos às populações soviéticas, Herbert Backe aceita friamente a morte, provável e a seus olhos desejável, de trinta milhões de pessoas a médio prazo. Um nazista integral, que ainda se comovia na prisão, em Nuremberg, com as palavras de estímulo e congratulações recebidas de Hitler. Ministro, general da SS, planejador chefe do abastecimento no Leste, Backe fez uma esplêndida carreira no III *Reich*, cujo desmoronamento não foi capaz de aceitar. Suicidou-se em sua cela em 1947, exatamente quarenta anos depois que o pai se matara.

Para nós, é absoluta a estranheza de um tal percurso, de ideias assim, de semelhante personalidade. Nem mesmo o historiador familiarizado com essas pessoas e os textos que produziram, que tenta entender como seres humanos chegam a pensar e agir dessa maneira, consegue, ao levantar a

---

6 Fundada ainda na República de Weimar, em 1923, como pequena tropa de choque de voluntários do nazismo, a *Schutzstaffel* (SS), ou Tropa de Proteção, foi a organização paramilitar diretamente ligada ao Partido Nacional-Socialista durante o regime chefiado por Adolf Hitler a partir de 1933, seu braço de vigilância e terror. [N.T.]

cabeça dos arquivos, ao pôr de lado os óculos e se distanciar um pouco do objeto de estudo, evitar a náusea e o assombro provocados pelas palavras e retratos do homenzinho fino, do ideólogo convicto, do tecnocrata consciencioso.

Explorar a vida e o universo de pessoas assim conduz a terras estranhas, distantes, impregnadas de angústia e brutalidade, a épocas superadas que chegaram a um fim absoluto, ao que se pensa, em 1945.

Mas esses textos suscitam reflexos de contemporaneidade, momentos em que, à leitura de uma palavra, de uma frase, o passado parece presente. Tive essa sensação alguns anos atrás, ao ler e comentar um dos textos mais violentos, em sua brutal concisão, deixados por Backe. Para preparar e acompanhar a conquista e colonização a Leste, às vésperas da investida contra a URSS, o secretário de Estado no Ministério do Abastecimento e da Agricultura do *Reich* redige um vade-mécum de três páginas, com uma lista de instruções, em doze pontos, para os responsáveis alemães pelo Plano Quatrienal e os diretores do seu ministério que atuarão no Leste.[7] Já nos referimos antes ao que há de exótico nesse texto: o racismo em relação aos russos, "adeptos da dialética", mentirosos, fanáticos e atrasados; a exaltação do "senhor e mestre" alemão (*Herrenmensch*) frente ao sub-homem (*Untermensch*) soviético, a brutalidade colonialista do chicote e dos campos de internação. Mas também encontramos no texto elementos familiares, coisas que parecem ter sido ouvidas ou lidas em algum outro lugar, em outros contextos. Herbert Backe cobra "desempenho" dos subordinados: "O importante é agir", "tomar

---

7   Herbert Backe, "12 Gebote für das Verhalten der Deutschen im Osten und die Behandlung der Russen", 3 p., 1º de junho de 1941.

decisões rapidamente", "sem se deixar tolher por escrúpulos burocráticos" (*"keine Aktenwirtschaft"*). "Não falem, ajam", sem "queixas nem lamúrias em relação aos superiores (*nach oben*)". Os superiores determinam um "objetivo final" (*Endziel*) que os subordinados devem alcançar sem perda de tempo, sem solicitar recursos adicionais, sem reclamar nem vacilar frente à dificuldade da missão. O importante é que ela seja cumprida, pouco importando como. Backe recomenda "a maior elasticidade nos métodos" empregados. Esses "métodos são deixados a critério de cada um". Em termos militares, desde o século XIX essa concepção do trabalho tem um nome: *Auftragstaktik*, isto é, a tática de missão ou de objetivo. Uma missão é confiada a um oficial, que deve cumpri-la como desejar e como puder, desde que o objetivo seja atingido.

"Elasticidade" (falava-se de "flexibilidade", "iniciativa" ou "agilidade"), "desempenho", "objetivo", "missão": estamos em terreno conhecido. O alossauro Backe, monstro arcaico e distante em seu uniforme de SS, reaparece na nossa época, ressurge onde vivemos, pois emprega as mesmas palavras, utiliza as mesmas categorias, pensa e vive os mesmos conceitos. Ele se vê e se vivencia como "homem realizador" (*Leistungsmensch*) e lamenta que seu protetor e superior Darré, a seus olhos frouxo, seja um "fracassado" (*Versager*) — e poderíamos sem problemas traduzir como "*loser*".[8]

Backe encarava a vida como uma luta em que só se impõem os obstinados e bem-sucedidos, um jogo de soma zero em que os "perdedores" pagam um preço alto pela

---

8   Cf. Gesine Gerhard, "Food and genocide. Nazi agrarian politics in the occupied territories of the Soviet Union", *Contemporary European History*, vol. 18, n° 1, fevereiro de 2009, 1, pp. 45-65.

inferioridade e fraqueza. Como seus colegas de trabalho e os companheiros de partido, era um darwinista social, encarando o mundo como uma arena. Como os recursos são limitados, os indivíduos — e, segundo ele, pelo prisma do racismo, as espécies — se enfrentam em combate mortal para ter acesso a eles e dominá-los. O agrônomo Backe — cujo nome, em alemão, remete ao verbo "assar" (*backen*) — raciocina em termos de espaços a conquistar e nutrição a garantir, obsessões perfeitamente compreensíveis num alemão cujo país enfrentou a fome durante a Grande Guerra, mas tão distantes para nós, habituados a encontrar de tudo em abundância nas prateleiras das mercearias e supermercados — a menos que o possível desmoronamento dos sistemas climáticos ponha a questão de novo na ordem do dia. Ele tem obsessões e ideias de nazista, mas fala uma linguagem que também é usada pelo nosso mundo, por sua organização social e sua economia.

No contexto de suas responsabilidades e em virtude das altas funções exercidas, Herbert Backe interessou-se pela organização do trabalho, a direção dos indivíduos (*Menschenführung*), por aquilo que chamamos de "*management*", ou "gestão". E não era o único, longe disso. Certos nazistas, como veremos, fizeram carreira e construíram uma obra nesse terreno depois da guerra. O que nada tem de surpreendente. A Alemanha tinha uma economia complexa e desenvolvida, com uma indústria poderosa e abundante, na qual os consultores de engenharia, como acontece na França, nos Estados Unidos, no Reino Unido e outros países da Europa, estudavam métodos de organização ideal da força de trabalho. O *management* tem uma história que começa muito antes do nazismo, mas nos doze anos do III *Reich* essa história teve prosseguimento e a reflexão foi enriquecida: momento gerencial, mas também matriz da teoria e da prática do *management* no pós-guerra. A conscientização, depois de 1945, de que o crime de massa fora uma *indústria* levou a reflexões duras e amargas sobre a organização capitalista e nossa modernidade. Um sociólogo e pensador ponderado como Zygmunt Bauman causou forte impressão ao publicar *Modernidade e holocausto* e conscientizar de que o horror absoluto dos crimes nazistas talvez fosse menos arcaico que contemporâneo: uma certa organização econômica e social e um impressionante domínio da logística possibilitaram, se é que não favoreceram, uma série de crimes que eram espontaneamente atribuídos a mais atrasada das barbáries, e não ao ordenamento policiado de um empreendimento decididamente moderno. As reflexões de um Bauman — ou, entre os filósofos, de um Giorgio Agamben, que, entre outras penetrantes intuições, identifica no *campo* o lugar paradigmático do controle social, da hierarquização e da reificação, segundo ele características da nossa modernidade — certamente desinibiram os historiadores, que passaram a se interessar cada vez mais pela contemporaneidade do nazismo, pela maneira como esse fenômeno se inscrevia em nosso tempo e em suas tendências, revelando-se como signo ou sintoma. Assim é que os crimes contra a humanidade foram entendidos, por autores como Götz Aly,[9] como tradução de projetos políticos e econômicos racionais, decididos por tecnocratas e, para empregar uma palavra cada vez mais corrente entre os historiadores do período, *managers* ou gestores que deslocavam populações, impunham a

---

9   Cf. especialmente Götz Aly, *"Endlösung"*. *Völkerverschiebung und der Mord an den europäischen Juden*. Frankfurt: Fischer Verlag, 1995.

fome em territórios e preconizavam a exploração das energias vitais até o esgotamento total, com um distanciamento profissional e um sangue frio — uma "decência", dizia Himmler — absolutamente notáveis. Eles têm sido objeto de estudos aprofundados, como por exemplo os trabalhos sobre Oswald Pohl, diretor do Escritório Central de Economia e Administração da SS,[10] sobre Hans Kammler,[11] chefe do departamento de "Construção" no mesmo escritório e responsável, a partir de 1943, pela segurança da produção estratégica no império concentracionário (nesse terreno, foi ele o criador da fábrica de V2 em Mittelbau-Dora)[12] e sobre Albert Speer, objeto recentemente de várias biografias.[13] No caso de Speer, não é tanto o arquiteto ou a testemunha complacente que interessa hoje em dia, mas aquele que, já em 1942, se apresenta como grande organizador da economia de

---

10 Michael Allen, *The Business of Genocide. The SS, Slave Labor, and the Concentration Camps*. Chapel Hill: University of North Carolina Press, 2002, e, do mesmo autor, "Oswald Pohl, Chef der SS-Wirtschaftsunternehmen", em Ronald Smelser e Enrico Syring (dir.). *Die SS: Elite unter dem Totenkopf. 30 Lebensläufe*. Paderborn: Schöningh, 2000, pp. 394-407.

11 Rainer Fröbe, "Hans Kammler, Technokrat der Vernichtung", *ibid.*, pp. 305-319.

12 Conhecido como V2, o foguete Vergeltungswaffe 2 (Arma de Vingança 2), o primeiro míssil balístico guiado de longo alcance, foi usado nas últimas fases da Segunda Guerra Mundial, principalmente contra alvos britânicos e belgas, em retaliação por bombardeios aliados de cidades alemãs. [N.T.]

13 Cf. especialmente Magnus Brechtken, *Albert Speer. Eine deutsche Karriere*. Munique: Siedler Verlag, 2017, e Martin Kitchen, *Speer. Hitler's Architect*. New Haven: Yale University Press, 2015, trad. fr. Martine Devillers-Argouarc'h, *Speer. L'architecte d'Hitler*. Paris: Perrin, 2017.

guerra, o tecnocrata modernista, o gestor judicioso — em suma, o supremo *manager* das indústrias do *Reich*.

Na esteira desses trabalhos, houve quem considerasse que o *management* e a "gestão" dos "recursos humanos" tinham algo de criminoso em si mesmos, como sugere com insistência, e não sem talento, o filme *A questão humana*.[14] Da objetificação de um ser humano, reduzido à condição de "material", "recurso" ou "fator de produção", à sua exploração, e mesmo destruição, a concatenação tem sua lógica, da qual o campo de concentração, lugar de destruição pelo trabalho (a partir de 1939) e de produção econômica, é um paradigma.

Tudo isso precisaria ser longamente desenvolvido e discutido, mas não é nosso objetivo aqui. Este livro tampouco é um ato de acusação contra os gerentes, o *management*, os departamentos de recursos humanos ou os auditores das empresas de consultoria: alguns de fato são cruéis, mas muitos abraçam a carreira por gosto das relações humanas e dão o melhor de si para minorar o sofrimento no trabalho dos empregados que dirigem ou assessoram. Alguns inclusive tornaram-se notáveis sociólogos do trabalho.[15]

Em termos mais simples, o que importa, num momento em que o *management* ocupa tanto espaço na mentalidade da época quanto, em outros tempos, a questão da salvação, num momento em que as "diretorias de pessoal" se

---

14   *La Question humaine* (2008), filme francês de Nicolas Klotz, com Mathieu Amalric, mostra a desestabilização pessoal e emocional de um psicólogo encarregado pelo departamento de recursos humanos de um complexo petroquímico franco-alemão ao investigar o comportamento de um de seus dirigentes. [N.T.]
15   Cf. Marie-Anne Dujarier, *Le Management désincarné. Enquête sur les nouveaux cadres du travail*. Paris: La Découverte, 2015.

transformaram em "gestão" de "recursos" humanos,[16] é encarar a questão com uma certa elevação e um certo recuo: por que, em que contexto e para atender a que necessidades certos agentes nazistas refletiram sobre a organização do trabalho, a repartição de tarefas e a estruturação das instituições na administração pública e na economia privada? Que pensamento gerencial desenvolveram? Que orientações imprimiam ao trabalho, ao indivíduo e ao serviço público e ao Estado nessas reflexões?

São questões interessantes em si mesmas, pois trazem novos elementos à tese da modernidade do nazismo, de sua inserção em nosso tempo e nosso lugar — o mundo contemporâneo. E se tornam ainda mais interessantes quando se constata que a concepção nazista da gestão teve prolongamentos e uma posteridade depois de 1945, em pleno "milagre econômico" alemão, e que antigos altos dirigentes da SS se tornaram seus teóricos, mas também seus felizes praticantes, logrando uma conversão tão espetacular quanto financeiramente compensadora.

Nosso propósito não é essencialista nem genealógico: não se trata de dizer que o *management* tem origem no nazismo — o que seria falso, pois ele o antecede em algumas décadas — nem que é uma atividade criminosa em essência.

Propomos simplesmente um estudo de caso, que se baseia em duas constatações interessantes para nossa reflexão sobre o mundo em que vivemos e trabalhamos: jovens juristas, professores universitários e altos funcionários do III *Reich* refletiram longamente sobre as questões gerenciais,

---

16   Um "recurso", mesmo sendo "humano", pode ser quantificado, deduzido, logo, "gerido". O "pessoal" de não muito tempo atrás remetia um pouco mais claramente à "pessoa".

pois o empreendimento nazista enfrentava necessidades gigantescas em termos de mobilização de recursos e organização do trabalho. Paradoxalmente, eles desenvolveram uma concepção do trabalho não autoritária, na qual o empregado e o operário aceitam seu destino e aprovam sua atividade, num espaço de liberdade e autonomia *a priori* perfeitamente incompatível com o caráter iliberal do III *Reich*, uma forma de trabalho "pela alegria" (*durch Freude*) que prosperou depois de 1945 e hoje nos é bem conhecida, numa época em que se espera que o "comprometimento", a "motivação" e o "envolvimento" decorram do "prazer" de trabalhar e da "benevolência" da estrutura.

Convencido da autonomia dos próprios meios, sem poder participar da definição nem da fixação dos objetivos, o executante podia nessa mesma medida ser responsabilizado — e, portanto, no caso, culpado — em caso de fracasso da missão.

Mas não vamos nos antecipar. Avancemos passo a passo, verificando de que maneira as ideias ocorrem aos juristas e administradores. A primeira questão que se coloca e se impõe a eles é: como administrar um *Reich* em constante expansão, com poucos (e até menos) recursos e pessoal?

1

PENSAR A ADMINISTRAÇÃO DO GRANDE *REICH*

O momento é "histórico". O discurso nazista adora essas hipérboles e bravatas. A se dar crédito aos textos e discursos, aos filmes e imagens, tudo é "histórico", "único" (*einmalig*), "gigantesco", "decisivo" (*entscheidend*), e por aí vai. Para uma certa categoria de militantes, agentes e (altos) funcionários, isso é verdade. E eles se mostram até entusiasmados, todos esses dirigentes militares, administrativos e políticos do regime de "reconstrução nacional", pois se prenunciam carreiras, ganhos e missões apaixonantes. Basta lembrar que Erwin Rommel, por exemplo, não sendo propriamente (como muitos outros) um nazista de carteirinha, tem em 1933 (aos 42 anos) patente apenas de comandante de tropa e vem a ser catapultado a marechal em 1942, graças às guerras de Hitler: promoção que ele deve a seu trabalho e a seu talento de condutor de carros de combate, é verdade, mas também ao fato de que um exército que aumenta seus efetivos em mais de cinquenta vezes em poucos anos precisa muito de dirigentes. O hino nazista "Hoje a Alemanha nos pertence, e amanhã, o mundo inteiro" é seu canto de guerra: é o que importa para eles antes de mais nada, a todos os executivos bem formados e famintos de gratificações, sejam militares ou civis.

É o que observa o jurista Waldemar Ernst em 1943, com senso de humor, em uma revista de geopolítica e ciência administrativa voltada para temas bem diferentes, ao comparar o funcionário inglês com o funcionário alemão. Enquanto um percorria o mundo graças aos inúmeros postos oferecidos pelo Império Britânico, o outro julgava viver uma aventura extraordinária ao passar do Alto Reno à Floresta Negra. Pois agora o funcionário alemão pode exercer seu ofício de Kirkenes, na Noruega, a Bordeaux, de Riga a Creta:[1] algo "quase inacreditável"![2] Que sorte de viver numa época tão emocionante.

A elite civil foi bem formada: a República de Weimar mostrou-se generosa com as universidades e os estudantes. Contribuiu como nenhum regime alemão anterior para a abertura do ensino superior, cujos formandos e pós-graduados (titulares de um doutorado) se defrontam já em 1929 com a sorridente perspectiva do desemprego anunciado pela crise econômica e social. Os únicos que lhes prometem alguma saída são os nazistas, que os cortejam e recrutam,

---

1 Waldemar Ernst, "Erlebnis und Gestaltung deutscher Grossraumverwaltung", *Reich, Volksordnung, Lebensraum. Zeitschrift für völkische Verfassung und Verwaltung*, vol. V, 1943, pp. 269-285, p. 269.
2 *Ibid.*, p. 270.

especialmente para as fileiras da SS. E, de fato, jovens foram incumbidos das mais altas responsabilidades no partido (não sem luta contra a SA[3] e seus militantes "plebeus") e mais adiante no Estado alemão, em 1933, antes de poderem sonhar com a dominação da Europa a partir da invasão da Polônia, em 1939.

Entre os integrantes dessa elite, um grupo de universitários e altos funcionários particularmente brilhantes se distingue por um trabalho teórico ambicioso, especialmente nas páginas da revista *Reich, Volksordnung, Lebensraum* (Império, ordem racial, espaço vital), por eles editada entre 1941 e 1943 no Instituto de Pesquisas sobre o Estado (Institut für Staatsforschung) da Universidade de Berlim, pilotado pela SS e dirigido pelo jovem professor Reinhard Höhn, oficial superior do extremamente seletivo SD (serviço de segurança da SS). A revista, que nasce, portanto, com o Grande Império e morre no momento em que este parece seriamente comprometido, senão fadado ao fracasso, publica abundantes contribuições sobre a função pública do futuro. A administração desejável para o Grande Espaço imperial é esboçada em artigos que vão do mais genérico ao mais específico, e mesmo ao mais técnico, como por exemplo numa vigorosa e pouco animadora reflexão sobre o "tratamento de arquivos para uma gestão administrativa planejada".[4]

---

3   Abreviatura de *Sturmabteilung*, o "destacamento tempestade", ou de assalto, a milícia paramilitar do regime nazista. Também conhecidos como "camisas pardas", por causa do uniforme, seus integrantes eram incumbidos da segurança nas manifestações nazistas e de provocações em outros eventos públicos, formando uma das instituições mais ativas da Alemanha nesse período e um dos esteios do poder político de Hitler. [N.T.]

4   Gerhard Rolfs, "Erfassung der Unterlagen für eine planmässige Verwaltungsführung", *ibid.*, pp. 285-295.

*

O mais velho dos dirigentes e editores da revista de que falávamos é um jovem. Nascido em 1902, Wilhelm Stuckart tem apenas 31 anos em 1933, quando seu partido chega ao poder. Jurista, doutor em direito com uma tese sobre registros comerciais, ele foi conselheiro jurídico do NSDAP (Nationalsozialistiche Deutsche Arbeiterpartei — Partido Nacional-Socialista dos Trabalhadores Alemães), ao qual se filiou em 1922, e advogado da SA — ao lado de outros que, como Hans Frank, Luetgebrune e Roland Freisler, formaram uma equipe de assessores para defender os milicianos nazistas acusados de violências políticas. A chegada de Hitler à chefia do governo projeta-o na mais alta função pública: diretor em serviços de administração do Estado e em seguida secretário de Estado no Ministério da Educação em 1933 – ele é transferido em 1935, com o mesmo título, para o Ministério do Interior do *Reich*. Excelente técnico e militante convicto, vem a ser incumbido da preparação de duas leis importantes: a lei de abril de 1933 sobre a "reconstrução da função pública alemã", da qual são excluídos os inimigos políticos e os judeus, e as leis de setembro de 1935 conhecidas como "leis de Nuremberg", que redefinem a cidadania alemã privando os judeus de sua nacionalidade e proibindo-lhes relações sexuais com não judeus. Especialista da arianidade e da arianização, Stuckart comenta essas leis num texto escrito em colaboração com seu colega Hans Globke, futuro colaborador próximo do chanceler Adenauer, propondo que sejam interpretadas da maneira mais severa possível. Interessa-se também pela expansão do *Reich* e redige os textos de incorporação da Áustria à Alemanha em 1938, e, mais adiante, na primavera e no outono de 1939, os que regulamentam a situação da Boêmia-Morávia e da Polônia. Autêntico modelo de nazismo e antissemitismo, ele também é, portanto, um convicto anexionista, o arquétipo do alto funcionário e do intelectual de ação nazista.

É na dupla condição de especialista em organização administrativa e pensador do Grande Espaço (*Grossraum*) conquistado pelos exércitos alemães que Stuckart se prodigaliza em reflexões sobre a administração do *Reich* em gestação, ao mesmo tempo em que as estimula. É verdade que o momento é histórico e as perspectivas, animadoras, mas quantos problemas pela frente!

O mais premente é um problema de recursos humanos (*Menschenmaterial*). A multiplicação de territórios sob soberania alemã leva a um "Império gigantesco" (*Riesenreich*) que precisa ser administrado com pessoal não crescente, mas decrescente, pois é cada vez maior o número de funcionários mobilizados militarmente. Stuckart faz essa constatação alarmante no texto com que contribui para a *Miscelânea oferecida a Heinrich Himmler* em seu quadragésimo aniversário, em 1941, no momento da grande euforia no Leste.[5] É preciso, então, pensar urgentemente uma transformação do serviço público alemão, não apenas em tempo de guerra, mas também para os séculos de paz que estariam por vir[6] no império colonial alemão erguido sobre as ruínas de uma URSS cuja derrota, seguida de desmembramento, não deixaria margem a dúvida. Como fazer *mais* com *menos* homens? É preciso simplesmente fazer *melhor*

---

5   Wilhelm Stuckart, "Zentralgewalt, Dezentralisation und Verwaltungseinheit", em Wilhelm Stuckart, Werner Best e alii, Festgabe für Heinrich Himmler. Darmstadt: Wittich, 1941, pp. 1-32, p. 2 no caso da citação anterior.

6   *Ibid.*, p. 1.

— e essa melhora não é uma questão a ser apresentada ao poder central nem uma questão de meios disponíveis. Fazer melhor com menos é o que cabe aos agentes da administração alemã, que devem reformular e mesmo transformar suas práticas, para enfrentar os desafios do momento e de amanhã. Apesar de denso, o longo texto de Stuckart é vago. Sem notas de rodapé, não é científico nem demonstrativo, mas puramente prescritivo: um acúmulo de afirmações e preceitos do tipo "deve ser desse jeito" ou "deve-se fazer daquele outro". No caso, Stuckart preconiza enfaticamente "elasticidade, alegria no trabalho, proximidade com a vida e a vitalidade",[7] invocando a necessidade da "iniciativa criadora"[8] de funcionários dedicados à sua tarefa e à sua missão: todo funcionário deve desfrutar "de um vasto espaço de responsabilidade pessoal, de deveres próprios, de iniciativa individual" e ser capaz de "se desdobrar" no novo espaço alemão, assim como no trabalho entendido dessa maneira. Para isto, e com a condição de que o poder central permaneça forte,[9] o que é indispensável em um *Führerstaat*[10] em que o impulso é vertical e tudo está sujeito à vontade do *Führer*, é necessário que a organização geral seja tão descentralizada quanto possível: "Corresponde à essência e à identidade alemãs" que "tudo aquilo que não precise absolutamente ser tratado pelo poder central [...] seja gerido de maneira descentralizada".[11] A menção da essência alemã e da história descentralizada do Sacro Império Romano-Germânico é bem oportuna para promover um princípio de

---

7   *Ibid.*, p. 5.
8   *Ibid.*, p. 7 e p. 31.
9   *Ibid.*, p. 4.
10 Estado conduzido por um guia. [N.T.]
11 *Ibid.*

subsidiaridade que alivia a administração central e confere ampla margem de avaliação e ação aos escalões locais, aos administradores em campo. A tradição alemã, segundo Stuckart, que recicla aqui um lugar comum, está nos antípodas da administração francesa, na qual os funcionários, asfixiados por um poder central detalhista e imperioso, são tão infelizes. A França, de acordo com um estereótipo corrente na literatura nazista, é "a morte do espírito de iniciativa e da alegria no trabalho",[12] em virtude de uma "esquematização doentia e inútil",[13] "estranha à vida e burocrática".[14]

O jurista Walter Labs, doutor em direito e jovem (nascido em 1910) alto funcionário do "Ministério dos Territórios Ocupados no Leste", onde acompanha com interesse a política genocida da SS, concorda fervorosamente com Stuckart em artigo de 1943 sobre sua administração. Os franceses não são os únicos rígidos, os soviéticos também eram, antes do desaparecimento do seu Estado. Muito diferente é o que acontece na Alemanha:

> O princípio da administração alemã, pelo contrário, prevê que uma firme direção do governo caiba às mais altas instâncias centrais, mas que o centro de gravidade da administração se situe nos escalões inferiores, graças à atribuição da maior margem de liberdade à decisão e à iniciativa do indivíduo.[15]

---

12   *Ibid.*, p. 5.
13   *Ibid.*
14   *Ibid.*, p. 6.
15   Walter Labs, "Die Verwaltung der besetzten Ostgebiete", *Reich, Volksordnung, Lebensraum. Zeitschrift für völkische Verfassung und Verwaltung*, vol. V, 1943, pp. 132-167, p. 137.

A liberdade germânica, velho tema recorrente do etnonacionalismo, também se aplica, portanto, na e pela liberdade do funcionário e do administrador em geral — liberdade de obedecer às ordens recebidas e cumprir a qualquer preço a missão confiada.

Mas Stuckart, Labs e outros repetem em termos mais policiados e escolhidos o que se ouve em toda parte, e que lemos no vade-mécum redigido por Herbert Backe ("Não se queixem junto aos superiores, não lhes peçam ajuda"): de fato se verifica uma transferência de competência, mas não de meios, e que cada um se vire, recorrendo à inventividade, à "iniciativa", mas também se valendo dos recursos e populações locais. O que interessa é o cumprimento da missão, a realização da tarefa.

Para facilitar o trabalho dos administradores, é desejável uma "simplificação" normativa (*Vereinfachung*), com a finalidade de derrubar barreiras, liberar energias e prevenir entraves à ação. E, por sinal, o *Führer*, em sua grande sabedoria, lembra-nos Walter Labs, baixou um "decreto de simplificação da administração" a 28 de agosto de 1939. Tudo já fica dito no título do texto, assim como em seu primeiro artigo: "Espero de todas as repartições uma atividade sem descanso, assim como decisões rápidas, livres de inibições burocráticas".[16] Um choque de simplificação em duas páginas, e algumas palavras explícitas: redução de prazos, acordos tácitos, suspensão de controles, iniciativa pessoal e local, redução dos direitos e possibilidades de recurso do usuário... Na primeira edição de sua própria

---

16 "Erlaß des Führers und Reichskanzlers über die Vereinfachung der Verwaltung vom 28. August 1939", Reichsgesetzblatt, n° 153, 30 de agosto de 1939, pp. 1535-1537.

revista, Wilhelm Stuckart já insistia na "necessidade de um exercício elástico da administração, que não deve sentir-se presa a formas rígidas",[17] de decisões sadias para permitir uma ação "mais livre e mais elástica",[18] emancipada de todo e qualquer "esquema calcificado"[19] ou esclerosado.

A obsessão da "vida", da "proximidade com a vida", da "vitalidade" e a rejeição de todo procedimento ou sistema "estranho à vida" pode nos surpreender: a metáfora orgânica e o registro biológico são onipresentes. Nada de espantar, contudo, no discurso de um nazista convicto, certo de que o tempo da "lei" (abstrata, escrita, intelectual e morta) chegou ao fim, e de que o do "direito" (concreto, oral, instintivo e vivo) (re)começou em 1933. A vida é fluxo e todo obstáculo à circulação dos fluidos e forças provoca uma trombose perigosa — e mesmo fatal — para a "raça". Uma necessidade natural rege o todo: as leis da natureza que devem ser respeitadas. Hoje em dia, falamos com frequência de "forças vivas" e "liberação das energias", contra as "normas" e os "encargos" que as entravam.

Outro colaborador da *Miscelânea oferecida a Heinrich Himmler* vem corroborar a reflexão de Wilhelm Stuckart. Trata-se de seu amigo e colega Werner Best, filho de um funcionário dos Correios, nascido em 1903 em Darmstadt. Estudante e mais tarde doutor em direito, Best militou em

---

17 Wilhelm Stuckart, "Die Neuordnung der Kontinente und die Zusammenarbeit auf dem Gebiete der Verwaltung", *Reich, Volksordnung, Lebensraum. Zeitschrift für völkische Verfassung und Verwaltung*, vol. I, 1941, pp. 3-28, p. 27.

18 Wilhelm Stuckart, "Zentralgewalt, Dezentralisation und Verwaltungseinheit", em Wilhelm Stuckart, Werner Best *et alii*, *Festgabe für Heinrich Himmler, op. cit.*, p. 13.

19 *Ibid.*

organizações nacional-conservadoras extremamente críticas dos nazistas, aos quais se junta, no entanto, em 1929. Membro do SD (*Sicherheitsdienst*, serviço de segurança), ele se torna um dos arquitetos da Gestapo,[20] ao mesmo tempo em que dá prosseguimento a seus trabalhos de reflexão jurídica sobre a comunidade, a polícia, o Estado e o espaço vital.[21] A conclusão de Best no texto por ele intitulado "Questões fundamentais de uma administração alemã do Grande Espaço" é idêntica à de Stuckart: "A rápida e poderosa ampliação do território sobre o qual o povo alemão exerce direta ou indiretamente sua soberania obriga-nos a rever todos os conceitos, princípios e formas em que esse exercício foi pensado e construído",[22] uma "reflexão total e profunda" para responder aos desafios imediatos, mas também para construir as estruturas do futuro.

O território sob dominação alemã pode aumentar, mas "o povo alemão não poderá se dar ao luxo de uma duplicação dos efetivos"[23] do serviço público. Também, neste caso, trata-se de fazer mais com menos, fazendo melhor. Significativamente, Werner Best recorre a antecedentes de prestígio, invocando o exemplo de reformistas prussianos do período entre 1807 e 1813 — militares e altos funcionários que reagiram à derrota frente à França (1806), transformando de

---

20 *Geheime Staatspolizei* (Polícia Secreta do Estado), fundada em 1933. [N.T.]
21 Ulrich Herbert, *Best: biographische Studien über Radikalismus, Weltanschauung und Vernunft, 1903-1989*. Bonn: J. H. W. Dietz, 1996, trad. fr. Dominique Viollet, *Werner Best. Un nazi de l'ombre*. Paris: Tallandier, 2010.
22 Werner Best, "Grundfragen einer deutschen Grossraum-Verwaltung", em Wilhelm Stuckart, Werner Best *et alii*, *Festgabe für Heinrich Himmler, op. cit.*, pp. 33-60, p. 33.
23 *Ibid.*, p. 37.

maneira profunda e duradoura o Estado e o exército do reino da Prússia. O prestígio desses homens (Hardenberg, Stein, Humboldt e, no terreno militar, Scharnhorst, Gneisenau, Clausewitz) deve-se ao fato de que, imediatamente depois de tais reformas, a Prússia, combatendo ao lado da Áustria e da Rússia, derrotou os exércitos franceses em Leipzig (outubro de 1813), prólogo a uma guerra vitoriosa que terminaria em Waterloo em 18 de junho de 1815.

Mestre da arte da reforma administrativa, o barão Karl vom und zum Stein oferece a chave de uma otimização da ação pública, com uma máxima que Werner Best adotaria como sua: "É preciso governar pouco, a um bom custo e no sentido do povo".[24] O autor explica: "Governar a um bom custo é administrar gastando o mínimo possível".[25] A exaltação histórica ligada à construção do Grande Império alemão (*Grossdeutsches Reich*) não exclui, portanto, considerações econômicas e orçamentárias menos nobres: os intelectuais, administradores e altos funcionários que pensam o Grande Espaço (*Grossraum*), a ampliação do *Reich* e a necessária adaptação das estruturas do Estado mostram-se preocupados em economizar, exortando a fazer mais, muito mais, com meios constantes ou decrescentes. Se seria necessário ser eficaz como nunca e, frente aos gigantescos desafios do momento, que requeriam agilidade mental, rapidez de execução e flexibilidade prática pelo menos comparáveis às dos reformistas prussianos de 1807, coloca-se a questão: o Estado de fato seria a ferramenta mais adequada?

---

24   *Ibid.*, pp. 38-39.
25   *Ibid.*, p. 40.

2

DEVE-SE ACABAR COM O ESTADO?

A função pública do Estado e o próprio Estado parecem singularmente maltratados nas reflexões que acabamos de percorrer, ainda mais considerando que os textos dos tecnocratas reformistas de que falamos tratam com insistência de instituições ou agências paraestatais, como a administração do Plano Quadrienal, dirigida por Hermann Göring, ou o SD, o serviço de informações do *Reichsführer-SS*, às quais eles às vezes estão vinculados e pelas quais muitas vezes são empregados.

Os integrantes da SS estão particularmente conscientes da complexidade da situação — para começar, da sua própria: altos funcionários da polícia, eles são remunerados em primeiro lugar pelo orçamento do partido, o NSDAP, na qualidade de membros do SD.

O Estado, na prática, fica em posição recuada, como que ameaçado por uma profusão de instituições e organismos *ad hoc* e antes de mais nada pelo próprio partido. Por sinal, a linguagem nazista prefere, no lugar de "partido" (*Partei*), a palavra "movimento" (*Bewegung*). O "movimento" vai ao encontro da dinâmica da vida e da história, ao passo que o Estado (*der Staat*), demasiado fiel à própria etimologia, é um *status*, uma instituição estável e estática incapaz de acompanhar o fluxo das iniciativas e decisões a serem tomadas e que, na pior das hipóteses, as entrava. Ideólogos e juristas do III *Reich* estão perfeitamente de acordo: o Estado não existia entre os germanos das origens, que se organizavam em tribos, em famílias que respeitavam as leis da natureza e da vida. O Estado é uma criação do direito romano tardio, contemporâneo da degenerescência racial da Roma antiga e da redação dos primeiros códigos de lei (o Código Justiniano), que fixaram a norma num pergaminho, uma norma abstrata e escrita, ao passo que o direito original era puro instinto e pulsão vital.[1] O direito germânico das origens deu lugar à lei judaica (e não são os judeus o povo da Lei por excelência?), tendo como fiadores um Estado estático e suas instituições. Paralelamente, a Igreja, outro Estado, arvorou-se em guardiã de um dogma mortal para a raça germânica (igualdade dos homens e universalidade da norma), ao mesmo tempo sufocando e destruindo os cultos naturais

---

1 Cf. Johann Chapoutot, *A revolução cultural nazista*. Rio de Janeiro: Da Vinci Livros, 2022, capítulo II: "A desnaturação do direito nórdico. Direito germânico e recepção do direito 'romano'", pp. 51-70.

sadios dos germanos, forçados à conversão por missionários (judeo-) cristãos dissimulados e violentos.

A gênese do Estado, portanto, foi uma catástrofe para a raça germânica. Sua existência e sua ação são igualmente nefastas. O cinema alemão do III *Reich* gosta de mostrar heróis, verdadeiros blocos de gênio e vontade, forças que avançam, enfrentando a oposição absurda e mórbida de funcionários excessivamente respeitosos das regras e de leis que não questionam. É o caso de Robert Koch, o médico genial que descobre o bacilo da tuberculose e, na epopeia biográfica que o cinema de Goebbels lhe dedica em 1939,[2] investe contra "o bem-aventurado Burocratius", santo padroeiro de uma administração prussiana demasiado detalhista e lenta para o seu gênio; e também do colonizador alemão Carl Peters no filme de 1941 que leva seu nome,[3] herói brutal da conquista da África Oriental, enfrentando as tramoias de escrevinhadores esmiuçadores. Não é de outra coisa que fala o personagem de Frederico II da Prússia na série de filmes frederícianos da época: para realizar algo grande, é preciso saber zombar das regras, liberar energias e avançar rápido.

O estabelecimento de um serviço público profissional teve como efeito desastroso transformar a regra e o Estado em fins em si mesmos, ao passo que toda instituição deve ser apenas um meio tendo em vista um fim e permitir à raça germânica desenvolver-se e se expandir. É exatamente o que afirma Adolf Hitler em discurso pronunciado no congresso do "movimento" em Nuremberg, em 1934: "Não é o Estado que nos dá ordens, mas nós que damos ordens ao Estado.

---

2   *Robert Koch, Bekämpfer des Todes* (Hans Steinhoff), Tobis, 113 min, 1939, BA-FA 187456.

3   *Carl Peters* (1941), 117 min, BA-FA 10102. Com roteiro de Ernst von Salomon.

Não foi o Estado que nos criou, mas nós que criamos nosso Estado". O Estado, escreve ele em *Mein Kampf*, é "um meio tendo em vista um fim", e esse fim não é administrativo nem abstrato, é efetivamente concreto e biológico: o fortalecimento e a perpetuação da raça. A teoria, portanto, é clara: para nossa grande surpresa, os nazistas se revelam convictos antiestatistas. A prática é ainda mais explícita. Já na década de 1940, cientistas políticos como Friedrich Naumann, e mais adiante historiadores, ficaram intrigados com isso, que lhes parecia um paradoxo. Se, por um lado o III *Reich* tinha todas as aparências da ordem mais estrita possível, seu funcionamento, por outro, parecia remeter mais a um sistema instável e caótico do que às coreografias impecáveis dos desfiles. A imagem projetada pelo novo regime era arquitetônica: o rigor hierático da arquitetura neoclássica duplicado nos movimentos controlados das "colunas" humanas, arquitetura de carne que reproduzia a regularidade geométrica da pedra. As atualidades cinematográficas e os filmes de Leni Riefenstahl consagram com insistência essa imagem de uma ordem implacável: à desordem da República de Weimar e ao caos da democracia sucede a geometria ordenada de uma nova Alemanha, unificada e harmonizada pela vontade do *Führer*, intérprete das leis da natureza e da vontade profunda do povo alemão. A essência alemã, em comparação com a dissipação latina, os transes negros ou a anarquia judaica, é toda ela ordem e unidade: "*Ein Volk, ein Reich, ein Führer*" ("um povo, um reino, um guia" — cabendo notar que não se fala de "*ein Staat*", ou "um Estado").

Essa autorrepresentação tinha o enorme mérito de tranquilizar os contemporâneos: novo Augusto, Hitler punha fim ao caos das guerras civis abolindo a República e (re) criando o Império, pondo na linha "as poderosas colunas do nosso movimento". E, com efeito, a chegada ao poder foi seguida do que os próprios nazistas chamaram de *Gleichschaltung*, o "alinhamento" ou, mais precisamente, a sincronização impecável da máquina alemã — sociedade (com a eliminação de toda oposição), Estado (expurgado dos funcionários indesejáveis), mas também Partido (especialmente com a eliminação da hierarquia da SA).

Mas, rapidamente, o funcionamento do novo regime passou a ter mais a ver com improvisação caótica e desordem do que com as imagens impecavelmente geométricas de Leni Riefenstahl. Além da coexistência do Estado — cujas estruturas, postas à prova e comprometidas pelos expurgos e a repressão, subsistiam — com o Partido, os doze anos de dominação nazista foram de proliferação de órgãos, instituições e agências *ad hoc*, a ponto de tornar quase indecifráveis os processos decisórios e os atos administrativos. Essa tendência agravou-se com os preparativos para a guerra e mais adiante o início do conflito. Quem mandava no planejamento econômico na Alemanha? A chancelaria do *Reich*, dotada de um poder inédito desde a aprovação da lei de habilitação em 23 de março de 1933? O Ministério da Economia? O Reichsbank? O Partido? Ou a administração do Plano Quadrienal, criada em 1936 e dirigida por Hermann Göring, por sinal presidente do Reichstag, ministro da Aviação, monteiro-mor do *Reich*, ministro do Interior da Prússia e comandante da Luftwaffe[4] — e provavelmente estamos esquecendo alguma coisa.

Declarada a guerra, em que alçada ficavam os territórios conquistados na Polônia e mais tarde no Grande Espaço do

---

4   A Força Aérea. [N.T.]

Leste? Da Wehrmacht?⁵ Dos dirigentes da polícia e da SS? Do Ministério do Leste, chefiado por Rosenberg? Do Ministério da Agricultura, encarregado do aprovisionamento do *Reich*? De Göring, mais uma vez, e do seu Plano Quadrienal? Dos *Gauleiter*⁶ do Partido? Do Ministério do Armamento de Speer, sempre carente de mão de obra? De Goebbels, responsável plenipotenciário pela Guerra Total a partir de 1943?

As disputas de competência são permanentes, assim como os conflitos de precedência e as rixas entre caciques. Personalidades em confronto e lógicas em violento choque, inconciliáveis. Para voltar ao exemplo dos novos territórios do Leste, enquanto Himmler, a SS e seus vários órgãos conduzem uma política de guerra racial sem concessões, Alfred Rosenberg e suas repartições no Ministério do Leste preconizam o discernimento político: é preciso ser amável com as populações racialmente inferiores que recebem favoravelmente os alemães por antistalinismo. Essa proposta de bom senso — não alienar uma população local positivamente predisposta em relação aos invasores — praticamente não tem eco junto a Himmler e seus homens, pouco inclinados a encarar os eslavos ou os "asiáticos" como parceiros políticos em potencial ou, pior, como aliados. Um terceiro participante, a Wehrmacht, assentiria, recrutando numerosos voluntários soviéticos como auxiliares de combate, sem se preocupar muito com a ortodoxia racial.

O constante confronto entre pequenos potentados e grandes princípios causa considerável perda de tempo, energia e recursos. O território do *Reich* sofre diretamente as consequências disso, no momento em que por sua vez é invadido

---

5 As Forças Armadas. [N.T.]
6 Dirigentes locais ou municipais. [N.T.]

e ninguém sabe claramente a quem cabe defender as populações civis. O que ocorre em campo se verifica também no mais alto nível: o *Diário* de Goebbels e a agenda de Himmel ou as confidências de Göring e Ribbentrop mostram como as altas autoridades do regime passaram muito rapidamente a se detestar mutuamente e a competir encarniçadamente, pois nada é decidido com clareza. A única maneira de resolver é conseguir uma arbitragem do *Führer*, o que ocasiona uma luta desenfreada para ter acesso à sua pessoa e aos seus favores — e, logo, um poder descomedido nas mãos de sua secretaria particular, chefiada por Martin Bormann.

Historiadores e cientistas políticos deram a essa improvável organização o nome de "policracia": o que caracteriza o III *Reich*, com efeito, é a proliferação das instâncias de poder e decisão, assim como sua incessante competição. À primeira vista, a constatação é surpreendente: o "rigor alemão" e o "gosto da ordem" não se fazem presentes, muito menos a lógica "totalitária" da unidade e da verticalidade.

A interpretação do fenômeno, por isso mesmo, é delicada. Houve quem visse nessa desordem institucional uma consequência da precipitação febril: os nazistas não se cansavam de dizer que a Alemanha e a raça germânica tinham perdido tempo demais; que já estava em andamento uma corrida contra a história, a decadência e a degenerescência; que era preciso agir com rapidez e fazer muito, multiplicando-se iniciativas espontâneas sem dar tempo à coordenação e ao controle. A outra razão plausível é a tendência ao desenvolvimento de baronatos pessoais, com cada dirigente do Partido, em todos os níveis, tratando de reservar um feudo para si, sob o olhar indolente e ardiloso de um "ditador fraco" e de bom grado feudal, que permitia a proliferação de iniciativas individuais para de vez em quando arbitrar em seu próprio favor. Essa leitura em termos de feudalidade administrativa é interessante: dos *Gauleiter* aos ministros do *Reich*, cada um defende seu território e sua competência — e os mais poderosos conseguem criar instituições sob seu controle, como Göring e Rosenberg, dotado de uma administração pessoal que leva o seu nome, a *Einstazstab Reichsleiter Rosenberg*. Esta se encarregava, entre outras coisas, do saque sistematizado dos recursos artísticos e culturais do continente europeu, empreendimento que se choca com as iniciativas da chancelaria (para o Museu do *Führer* em Linz), de Göring (para sua coleção particular) e de Himmler (para o Ahnenerbe, o centro de pesquisas científicas da SS): mesmo na pilhagem, na predação e no roubo, os nazistas praticam a desorganização permanente e a luta de cada um contra todos.

*

Também podemos identificar na concorrência de órgãos paralelos, encarregados das mesmas missões e dos mesmos territórios, uma forma de darwinismo administrativo espontâneo e inconsciente. Se o Estado, com sua organização geométrica, sua inércia e suas regras imutáveis, não é capaz de enfrentar as urgências biológicas e históricas do momento, a disseminação metastásica de iniciativas individuais e o desenvolvimento de uma concorrência institucional podem levar às soluções mais rápidas e radicais. E assim, a partir de 1933, ao tempo lento e à organização regrada do Estado sucedem o choque das ambições e a busca desenfreada dos favores do *Führer*, que cada um julga obter interpretando suas palavras e suas ideias da maneira mais radical possível. A história da política antijudaica do III

Reich pode perfeitamente ser lida sob esse ângulo. Os princípios são tão firmes quanto vagos, como evidenciam slogans famosos como *Juden raus!* ("Fora, judeus!"): são iniciativas locais de *Gauleiter* zelosos e trabalhos de repartições e comissões obsequiosas que levam às decisões mais duras, para maior satisfação da chancelaria. A "Noite de Cristal" é um bom exemplo: Goebbels surpreende todo mundo na noite 9 de novembro, ao ordenar represálias contra os judeus alemães após o atentado contra um assessor da embaixada do *Reich* em Paris; desse modo, ele vai ao encontro do desejo de unidades locais da SA, felizes por terem um pouco de ação, satisfaz plenamente Hitler e força Himmler e Heydrich a apoiarem sua decisão. A partir de 1941, é a Shoah que pode ser lida pelo prisma do darwinismo administrativo: iniciativas locais, elas próprias concorrentes, recebem a aprovação do poder central, em uma lógica de radicalização cumulativa que, do ponto de vista de Hitler, Himmler, Goebbels e outros, como Robert Ley, chefe da Frente Alemã do Trabalho e antissemita rábico, é em princípio virtuosa.

Retomando a expressão de um alto funcionário alemão da época, Ian Kershaw frisou a vontade desses organismos de "trabalhar na direção do *Führer*" (*dem Führer entgegenarbeiten*) para ir ao encontro de seus supostos desejos. A policracia, por seu darwinismo administrativo, sistematizava-se e assumia um sentido particular, um lugar afinal de contas lógico, na "visão de mundo" nazista: a vida é um combate, o mundo é um lugar de guerra entre as raças, as repartições, as direções centrais e as agências.

*

A policracia foi pensada, em tempo real, por certos juristas e altos funcionários apaixonados pelas questões organizacionais. Seu funcionamento de fato foi teorizado, ou acompanhado de uma teoria, em uma reflexão jurídica e administrativa preconizando outra concepção do Estado — sua desvalorização e sua redução a uma simples agência como outra qualquer, e mesmo seu desaparecimento enquanto tal.

A desvalorização nazista do Estado é explícita, como vimos. O Estado deixa de ser instância suprema, órgão da soberania, para se tornar um meio em vista de um fim, fim biológico, no caso: é subordinado à raça, da qual é apenas servidor e instrumento. A única entidade verdadeiramente perene, estável no sentido do *stare* latino, a única existência destinada a se perpetuar e se projetar na eternidade não é o Estado, artefato criado pelos judeus, mas a raça, realidade biológica infrangível. Essa degradação do Estado é acompanhada de reflexões dirimentes sobre sua origem e suas funções, e também de comentários e práticas hostis ao etos do funcionário, enredado nas regras, incapaz de tomar "iniciativas" e surdo às urgências do momento. Em matéria judiciária, a coisa fica particularmente clara: para não depender dos juízes e seu suposto laxismo, o "movimento" nazista institui um permanente estado de urgência e mesmo de exceção, dotando a polícia, com os decretos de fevereiro de 1933, de poderes exorbitantes em matéria de repressão política. Um indivíduo solto, que escapa à prisão, pode ser mandado para um campo de concentração por decisão policial, sem controle do juiz. No dia 26 de abril de 1942, uma decisão do Reichstag confere ao "*Führer* e chanceler do *Reich*" o poder de degradar e destituir qualquer funcionário, inclusive magistrados, que tome decisões ou execute atos que não estejam em conformidade com as necessidades históricas e biológicas: assim, um funcionário por demais escrupuloso, empenhado em respeitar as normas processuais, ou um magistrado que não decapite o suficiente pode ser afastado sem possibilidade de recurso.

O Estado, assim como seus servidores, não ocupa mais uma posição elevada no III *Reich*. Meio como outro qualquer a ser utilizado nas decisões políticas, ele sofre a concorrência — cabe insistir nesse ponto — de uma infinidade de repartições *ad hoc* que se enquadram na condição conhecida desde o século XIX pelo nome de agências — isto é, órgãos dotados de uma missão, de um projeto e de um orçamento para cumprir essa missão, e cuja existência é limitada ao período da referida tarefa. Essas agências se multiplicam a partir de 1933, em particular para executar missões ligadas à guerra: é o caso do Plano Quadrienal, criado em 1936 mas prolongado além de 1940, e da Organização Todt, criada em 1938 pelo engenheiro Fritz Todt para levar a cabo muitas obras pequenas e grandes do *Reich*, das tendas dos *stalags*[7] à Muralha do Atlântico.[8] Também podemos mencionar o Comissariado do *Reich* para o Fortalecimento da Raça Germânica (Reichskommissariat für die Festigung deutschen Volkstums, RKF), criado em 1939 e confiado a Himmler. O RKF tem

---

7   Palavra pela qual ficaram conhecidos os campos de concentração do regime nazista. É uma contração de uma expressão alemã designando, justamente, "campos de prisioneiros". [N.T.]
8   Linha de defesas e fortificações das tropas alemãs estendendo-se pelo litoral europeu ocidental da Espanha à Noruega, para fazer frente a um esperado ataque das forças aliadas a partir do Oceano Atlântico. [N.T.]

como missão — sob a direção efetiva de um professor de geografia agrícola da Universidade de Berlim, Konrad Meyer — preparar um plano de colonização geral dos territórios do Leste, missão que resulta na elaboração de várias versões sucessivas do Plano Geral para o Leste, de 1940 a 1943. A proliferação desses órgãos, que se contam às dezenas, não deixa de intrigar. É verdade que a reflexão dos juristas de direito público sobre as agências data do século XIX, tanto na Alemanha como na França, países onde se buscavam meios de atender às necessidades técnicas específicas da era industrial nascente, mediante instituições que não fossem *stricto sensu* organismos do Estado. No século XIX, a criação dessas agências não põe em dúvida o próprio princípio da existência do Estado, ao passo que no III *Reich* sua multiplicação indubitavelmente serve para solapá-lo.

*

Um dos mais engajados nessa reflexão é Reinhard Höhn, jurista de direito público e, na grande tradição dessa matéria, apaixonado por história e sociologia. Inicialmente próximo de Carl Schmitt, que corteja com assiduidade sem receber o reconhecimento intelectual que espera do grande mestre dos estudos de direito constitucional e direito público na Alemanha, Höhn afinal se distingue radicalmente dele por sua desconstrução histórica e sua desvalorização jurídica da noção de Estado — particularmente visível em um texto de 1934 intitulado *As mutações do pensamento constitucional*.[9]

---

9 Reinhard Höhn, *Die Wandlung im staatsrechtlichen Denken*. Hamburgo: Hanseatische Verlagsanstalt, 1934.

Nesse trabalho, Höhn faz uma releitura histórica do conceito de Estado para demonstrar seu caráter obsoleto. A noção de Estado, segundo ele, é solidária da dominação dos príncipes soberanos da era moderna, que surgiram na Itália na época do Renascimento e chegaram a uma brilhante maturidade na França de Richelieu e Luís XIV. Consubstancial à época ultrapassada do indivíduo (príncipe, personalidade política...), o Estado não é mais pertinente no momento e na era da "comunidade".

Obcecados por poder e dominação, os podestades italianos e mais tarde os reis absolutos franceses criaram, com o Estado, um instrumento a seu serviço. A teoria jurídica gerou uma ilusão e quer fazer crer que o Estado não era um instrumento de dominação: ele foi hipostasiado como "personalidade invisível" e transformado em instância perene da soberania, ao passo que, segundo Reinhard Höhn, nada mais é senão um "aparelho" (*Apparat*) a serviço do poder. Nas circunstâncias da "revolução nacional" promovida na época, convém fazer uso desse Estado, desse "aparelho de serviços e funcionários",[10] tendo plena consciência do que é e do que não é ou do que não é mais: "ele não está mais a serviço do príncipe soberano ou de sabe-se lá que interesse geral indefinido, mas serve ao povo, sob a forma da comunidade do povo".[11] E foi exatamente assim que os nazistas se apropriaram dele: "O movimento tomou posse do Estado e lhe atribuiu novas tarefas".[12]

---

10   *Ibid.*, p. 35.
11   *Ibid.*, p. 36.
12   *Ibid.*

Em um capítulo da obra coletiva intitulada *Questões fundamentais sobre a concepção do direito*,[13] codirigida por ele em 1938, Reinhard Höhn arremata sua redefinição do Estado:

> O Estado não é mais a entidade política suprema [...]. Está limitado, isto sim, à realização de missões que lhe são atribuídas pelo poder [*Führung*], a serviço da comunidade do povo. Neste sentido, já não passa de um simples meio a ser mobilizado e ao qual são determinados seus objetivos e sua ação.[14]

O recuo do Estado é assombroso: antes instância majestosa e reverenciada, especialmente na Prússia e na Alemanha, onde o culto do serviço público e do funcionário, assim como do exército, não é mera força de expressão antes de 1933, ele é reduzido à condição de uma ferramenta como outra qualquer. Significativamente, a *Führung*, que traduzimos impropriamente como "poder", aparece aqui distinta e distante do Estado: "*Führung*" não é tanto "poder" no sentido de direção política do Estado, mas instância de comando, direção ou gestão da comunidade do povo, que confia esta ou aquela missão ao Estado, entre outras instâncias, órgãos, agências.

Instituição tardia, importada pela evangelização dos povos germânicos, pela dominação do cristianismo e do direito romano tardio, o Estado é antitético à liberdade germânica e a seu livre desenvolvimento, e mais ainda desde

---

13 Reinhard Höhn, "Volk, Staat und Recht", em Reinhard Höhn, Theodor Maunz e Ernst Swoboda, *Grundfragen der Rechtsauffassung*. Munique: Duncker & Humblot, 1938, pp. 1-27.

14 *Ibid.*, p. 26.

o momento em que o projeto absolutista dos príncipes apropriou-se dele como instrumento a serviço da soberania do rei. Höhn não muda de ponto de vista nem de doutrina depois de 1945: inimigo do Estado era, inimigo do Estado continua sendo. Num trabalho publicado em 1970, ele lamenta que "o vínculo de fidelidade recíproca" característico da época medieval tenha sido transformado num "vínculo de obediência unilateral": os "leais" da Idade Média e os "membros das corporações" tornaram-se "súditos do Estado absoluto".[15] São proibidos de "argumentar" diante do Príncipe, encarnação da soberania — e nunca falta na argumentação a célebre frase apócrifa de Luís XIV ("O Estado sou eu").[16] Tudo "o que é feito", no exército, na administração e na sociedade, "deve ter sido ordenado"[17] previamente, afirma Höhn, que, como bom jurista, é nominalista e confunde a palavra ("absolutismo") com a coisa, o discurso com a prática. O que garante o funcionamento da "máquina" não é o consentimento, a adesão ou o entusiasmo, mas "o medo da punição".[18] A longa história da autoridade e da sujeição confunde-se com a história do Estado.

Mas essa época ficou para trás, com o III *Reich*. E também depois de 1945. Um modo de *Menschenführung* adaptado ao espírito do século XX, assim como à essência germânica — livre por natureza —, precisa ser teorizado e aplicado.

---

15 Reinhard Höhn, *Verwaltung heute. Autoritäre Führung oder modernes Management?* Bad Harzburg: Verlag für Wissenschaft, Wirtschaft und Technik, 1970, p. 1.
16 *Ibid.*, p. 2.
17 *Ibid.*, p. 3.
18 *Ibid.*

3

A "LIBERDADE GERMÂNICA"

A rejeição e o repúdio, pelos nazistas, do conceito e da própria existência do Estado podem surpreender, de tal maneira parece evidente que um "totalitarismo" pressupõe um "Estado totalitário".

Ora, o Estado, longe de ser apenas inútil, é também e sobretudo nefasto, e mesmo funesto aos olhos dos pensadores, ideólogos, teóricos e "intelectuais de combate" alinhados com o movimento nazista.

Mais uma vez, como quase sempre, os nazistas são tributários de uma tradição e de uma herança, a herança do darwinismo social, do racismo e do eugenismo da segunda metade do século XIX, três movimentos culturais e ideológicos que prosperaram em uma sinergia devastadora para uma parte da humanidade — a que era considerada fracassada, degenerada e "indigna de viver".

Do darwinismo social derivado das reflexões ultraliberais de Herbert Spencer, os nazistas herdaram a ideia de que o Estado contraria e mesmo entrava completamente a lógica e a dinâmica da natureza. Esta, como se sabe, deixa definhar ou leva a morrer o que não é viável. Ora, em virtude da redistribuição de riquezas que promove e de um sistema de previdência social precoce na Alemanha, o Estado garante a sobrevivência dos que não são viáveis. Indo de encontro à lógica implacável e sadia da "seleção natural", da qual a seleção social é a tradução no meio humano, o Estado assume um papel contrasseletivo ou antisseletivo, que permite que prosperem o doente e o incapaz — em suma, o enfermiço — em detrimento do sadio. Já a partir da década de 1880, o chanceler Bismarck, inspirado nas doutrinas de justiça dos pietistas protestantes, mas também nos socialistas, que tratava de desvitalizar sugando sua base eleitoral, estabelecera na Alemanha mecanismos de seguridade social altamente problemáticos: o desempregado, esse ocioso profissional, era estimulado em seu vício, em vez de ser entregue à própria sorte, ou seja, a uma revigorante fome que finalmente lhe ensinaria a viver e trabalhar. Quanto aos "doentes hereditários", eram protegidos por uma legislação que, na direção oposta das conquistas da ciência, permitia e mesmo impunha sua sobrevivência, seu crescimento e sua multiplicação, enquanto famílias alemãs sadias e laboriosas viviam na miséria em seus casebres, indivíduos trissômicos, paraplégicos ou hidrocéfalos prosperavam em asilos de luxo, quase sempre financiados pela caridade privada, é verdade, mas estimulados por uma legislação de Estado antinatural, pois contrasseletiva. Sobre essa questão, a propaganda nazista é incansável.

Que morra o que deve morrer, clamam os darwinistas sociais e seus discípulos nazistas — o que vale tanto para uma atividade não rentável como para um espírito e um corpo "ineficientes".

O Estado, infelizmente, é essa instituição artificial que promove o triunfo da tinta da lei sobre o sangue da raça, do artifício sobre a natureza: ao impor a sobrevivência e a multiplicação dos fracos, inúteis e fracassados, o Estado estimula uma gangrena que será fatal, no fim das contas, ao "corpo do povo" (*Volkskörper*) — metáfora organicista que designa a "comunidade do povo" e na realidade é a tal ponto literal que deixa de ser uma metáfora.

O Estado é tanto mais nefasto e funesto porque parece sentir um prazer perverso em entravar e sufocar as "forças vivas" com uma regulamentação detalhista, aplicada pelos burocratas robotizados e sem imaginação e os eunucos servis de que o serviço público está cheio: esse coágulo regulamentar e essa infecção administrativa coagulam o sangue, os fluxos e a dinâmica da raça germânica, em vez de fluidificá-los e estimular sua circulação. Em tais condições, a trombose é inevitável e a morte é certa, se não for promovida uma virada salutar. Os múltiplos apelos à "simplificação" das regras e normas, as incessantes condenações de todo "espírito burocrático", a estigmatização violenta dos funcionários e juízes que insistem em aplicar a lei — tudo isso decorre da herança social-darwinista e faz parte de um ideal de liberação da germanidade, demasiado entravada ainda por leis redigidas e promulgadas por judeus.

Na ordem interna, portanto, o Estado é o que entrava e subjuga a raça germânica: estático, ele nega a dinâmica da vida; genérico, e mesmo universal, não está a serviço do particular (a identidade racial); artificial, nega a natureza. Ele é o morto que se apropria do vivo.

Ainda que não tivesse todos esses defeitos, o Estado de qualquer maneira seria inútil: a raça germânica, que sabe instintivamente se governar respeitando a lei da natureza (procriar, combater, reinar) — vale dizer, o único *direito* que conta —, não tem a menor necessidade de carregar na cabeça uma instituição transcendente que assegure a paz civil e garanta o respeito às regras. Como todo homem de boa raça tem uma mente sã e respeita a norma natural, a paz reina, os filhos nascem e os corpos são alimentados. Os "códigos" (civil e penal) são redundantes, de tal modo a ordem pública decorre de uma harmonia pré-estabelecida entre os corpos, corações e almas germânicos. Todo homem racialmente sadio só pode ser nazista e aderir às ordens do *Führer*, que são, no fundo, os mandamentos da própria vida. A comunidade racial é necessariamente uma comunidade de corpos e de espírito: nesse universo sadio, o Estado enquanto instituição garantidora do bem comum é perfeitamente inútil. Os indivíduos comportam-se naturalmente como *membros* válidos do "*corpo* do povo", pois todos fazem parte de um sangue e de um sentido comuns. O Leviatã estatal, mamute inábil, pode e deve ser substituído por agências que também elas, como os indivíduos, evoluirão em harmonia pré-estabelecida pela natureza, dela extraindo rapidez de decisão e flexibilidade de execução.

Na ordem externa, o Estado revela-se igualmente supérfluo. Pensado desde o século XVII não apenas como fiador da paz civil, mas também como a instância da soberania frente aos outros Estados — o que foi consagrado em 1648 pela ordem internacional vestfaliana —, o Estado, na concepção nazista do espaço e das espécies, dos biótopos e das raças, não tem mais nenhuma necessidade de existir; muito pelo contrário. A ordem internacional está fadada a desaparecer, pois não há nações — apenas raças. Nesse universo zoológico, uma raça de essência superior está destinada a dominar pela destruição, a sujeição ou no mínimo a exploração das outras raças: "direito internacional", "ordem internacional", "nações" e "Estados" são conceitos obsoletos e realidades que logo estarão mortas. Estão contados os dias da Sociedade das Nações, da diplomacia interestatal e dos Estados-nação, pois está próximo o advento do "Grande Espaço" (*Grossraum*) com que sonham Stuckart, Best, Höhn e seus amigos.

Na concepção nazista mais estrita, o Estado tem apenas mais algumas décadas de vida, em uma fase transitória marcada pela guerra e o progressivo advento da única ordem que interessa, a ordem natural, biológico-racial, do espaço vital, que é o biótopo nutriente da raça germânica. Na ordem externa, destinada, com o tempo, a se confundir com a própria ordem interna, pois o espaço vital da raça germânica deve ser ampliado às dimensões do continente, a permanência de um Estado alemão ainda serve para dar o troco e regular trocas e relações com os outros Estados-nação da Europa até que sejam absorvidos pelo Grande Espaço do *Reich*, ou seja, até o advento do reinado do nazismo. Cabe notar que a palavra "*Reich*" não significa "Estado" nem sequer implica sua existência: na acepção nazista, "*Reich*" recupera seu significado medieval e religioso de *regnum* — reinado, era e área —, em detrimento do significado jurídico-institucional que o assimilara na era moderna às instituições do Estado.

Fadado a um progressivo desaparecimento na ordem internacional, o Estado, em matéria interna, deve ser pouco a pouco desossado em proveito das agências, destinadas a proliferar para assumir suas missões régias de maneira "dinâmica" e não "burocrática". Enquanto não chega esse necessário desmembramento, ele ainda pode ser suportado e tolerado, desde que assuma um papel prosseletivo. Nas décadas de vida que ainda lhe restam, o Estado só tem direito de viver na medida em que deixar de entravar a natureza, passando a estimulá-la: até agora contrasseletivo, pois protetor dos fracos e doentes, ele deve tornar-se um auxiliar rigoroso e exclusivo da natureza, mediante uma legislação eugenista profilática (esterilização dos "doentes hereditários", dos "associais", dos "ociosos" e outros tipos de "desviados") e mesmo de uma prática homicida (gaseamento e mais tarde eutanásia por injeção dos "ineficientes", "não produtivos" e "não rentáveis"). Auxiliar da natureza, o Estado deve *deixar morrer*, ou melhor, *fazer morrer*, garantindo e mesmo acelerando processos necessários — pois não há alternativa à lei apodíctica da natureza. O Estado previdenciário sucumbe, assim, e sem demora, ante a necessidade biológica. E o Estado policial? Os liberais do século XIX o toleravam sem problema, visto que o emprego da força pública, prerrogativa régia comparável à cunhagem de moeda e ao monopólio da guerra, assegurava uma ordem e uma estabilidade indispensáveis ao exercício das liberdades individuais e ao bom andamento dos negócios. Mas ele tampouco tem futuro no universo nazista: com o tempo, a harmonia espontânea de uma comunidade racial homogênea e pura tornará *naturalmente* impossível toda delinquência. Que membro sadio da "comunidade do povo" teria a ideia de roubar a bolsa de uma senhora idosa ou de assaltar um banco? Desse modo, o papel da SS depois da "vitória final" será mais militar que policial: veteranos e unidades da ativa montarão guarda nas fronteiras do Império, ao pé dos Urais, para manter à distância os elementos "asiáticos" e "mongolóides" que se sentissem tentados a fazer incursões em terras germânicas. No interior da *Volksgemeinschaft*, a ordem será imanente e espontânea, e os eventuais excessos inofensivos das noitadas festivas serão encarados com benevolência paternal pelas autoridades locais do NSDAP ou, na pior das hipóteses, resolvidos com algumas bordoadas salvadoras a cargo dos membros da *Hitlerjugend*[1] ou da SA. Antes, porém, quinze a vinte anos de eugenismo, profilaxia policial e guerra terão dado fim aos germes criminosos, sob as ordens do partido, de suas organizações e agências — SA, SS, Juventude Hitlerista, BdM (Bund deutscher Mädel — Liga das Jovens Alemãs), NSV (Nationalsozialistische Volkswohlfahrt — Associação de Ajuda Mútua Social Nacional-Socialista), NSKK (Nationalsozialistiches Kraftfahrkorps, organização paramilitar do NSDAP), T4[2] etc. — e não do incurável Estado policial, paralisado em sua ética ultrapassada de serviço público e surdo aos imperativos da biologia.

Afrouxar o torno do Estado, garantir o reinado da natureza, impor o respeito à lei do sangue e liberar as iniciativas, necessariamente boas, de forças necessariamente vivas, eis as condições para o advento de uma "liberdade germânica" plena e integral.

O tema da "liberdade germânica" é um velho tópos etnonacionalista, adotado tanto por estrangeiros como pelos alemães. A germanidade das florestas jamais teria conhecido o despotismo ou a ditadura, como afirma Tácito na *Germania*. O historiador romano, que só conhecia a assustadora Germânia de ouvir falar, informa que nela as tribos se governam pelo debate e a decisão comum em assembleias chamadas *Thing* — palavra arcaica que seria ressuscitada

---

1   A Juventude Hitlerista. [N.T.]
2   Ação T4 foi o nome dado nos julgamentos posteriores à Segunda Guerra Mundial ao programa de eugenismo e eutanásia da Alemanha nazista. O nome derivava do endereço em Berlim (Tiergartenstrasse 4) onde estava centrado esse programa. [N.T.]

com os *Thingstätten* do III *Reich*, anfiteatros de estilo grego para apresentação de espetáculos de teatro coral, algumas dezenas dos quais foram construídos a partir de 1933.

Essa "liberdade das florestas" é celebrada por todos aqueles que, na época moderna, se opõem ao poder absoluto dos príncipes, como Boulainvilliers no século XVII e Montesquieu no XVIII. Quando da ocupação francesa da Prússia, depois da derrota de 1806, Johann Gottlieb Fichte também atribui grande importância a essa liberdade ao mesmo tempo originária e essencial, em seus *Discursos à nação alemã*: os franceses são uma mistura de germânico, latino e gaulês; só os alemães mantiveram-se idênticos a si mesmos ao longo dos séculos, falam uma língua autêntica e são livres por essência — enquanto os franceses não passam de súditos de um tirano, Napoleão, digno sucessor dos Césares romanos, dos papas e reis absolutos.

Livre, o homem germânico? A história parece indicar algo bem diferente: do treinamento repetitivo que reina absoluto no exército prussiano ao militarismo da sociedade guilhermina, tudo parece coerção e sanção do outro lado do Reno. Tudo absolutamente normal e perfeitamente explicável, pondera o chefe da SS, Heinrich Himmler, em texto coletivo sobre a polícia alemã publicado em 1936 por seus fiéis juristas Werner Best e Reinhard Höhn. Para ele, já agora chefe da "polícia alemã" recém-unificada em todo o *Reich*, a história alemã foi tão dura e conturbada, o povo alemão de tal modo foi vitimado por um mundo de inimigos ansiosos por se atirar sobre ele, e se mostrou tão incapaz de se defender, pois estava irremediavelmente dividido, que ao fim da Idade Média a Alemanha só pôde desenvolver os tipos humanos do soldado e do funcionário, arrogantes e brutais, os únicos capazes, por sua dureza, de disciplinar os germanos, excessivamente dissipados:

Nós, alemães, devemos ser lúcidos a esse respeito: não temos cavaleiros de grande altivez nem cavalheiros como outros Estados de raça germânica [...] Não pudemos desenvolver esses tipos. Para isto, são necessários séculos de paz, sem ser incomodado [...]. Nós, alemães, nos atiramos, assim, nos regulamentos, e foi nos regulamentos que, mediante uma ordem e uma disciplina que nos impusemos obstinadamente, desenvolvemos os dois tipos que são o funcionário e o soldado.[3]

Felizmente, tudo mudou em 1933. Séculos de divisão e fraqueza chegaram ao fim no momento em que, pela graça da providência, Hitler assumiu o poder. Sob todos os aspectos, o advento do reinado nazista representa uma histórica oportunidade de paz e prosperidade, de união e harmonia, permitindo ao homem germânico viver de acordo com sua natureza — altivo e livre.

Não é outra coisa que diz Reinhard Höhn quando se faz, de texto em texto, historiador crítico e mesmo devastador do Estado. O Estado nasceu essencialmente na época moderna, no momento em que a concepção dominante do poder estabelece uma oposição entre o Príncipe e o súdito (*Untertan*[4] — literalmente, aquele que fica embaixo), como resume Jean Bodin, por ele citado no original francês: "um é senhor, o

---

3   Heinrich Himmler, em Werner Best, Hans Frank, Heinrich Himmler e Reinhard Höhn, *Grundfragen der deutschen Polizei*. *Bericht über die konstituierende Sitzung des Ausschusses für Polizeirecht der Akademie für deutsches Recht am 11. Oktober 1936*. Hamburgo: Hanseatische Verlagsanstalt, Arbeitsberichte der Akademie für deutsches Recht, 1936, 35 p., p. 12.

4   Reinhard Höhn, *Die Wandlung im staatsrechtlichen Denken*, op. cit., p. 9.

outro, servidor".⁵ Höhn vê aí o triunfo do individualismo jurídico: o indivíduo Príncipe domina absolutamente um conjunto de indivíduos subjugados (os súditos), ao passo que o próprio Estado é considerado pela teoria jurídica como uma pessoa moral, logo, também como um indivíduo. O indivíduo, novo fundamento do direito, privado e público, leva ao desaparecimento da "comunidade", que foi outrora, argumenta Höhn com tantos outros colegas, a própria realidade do alemão — a família, a paróquia, a corporação, toda forma de associação baseada na necessidade natural e no todo, e não na parte. Ao contrário do Estado principesco da era do absolutismo, "o Estado germânico" tradicional era "um sistema de comunidades"⁶ que não conhecia príncipe absoluto nem déspota, esclarecido ou não. Esse período feliz chegou ao fim definitivamente na época moderna, no momento em que o desastroso modelo francês do Estado centralizado, administrado e rígido difundiu-se nas terras germânicas por influência do renome, do prestígio e das vitórias de Luís XIV, monstro absolutista e preceptor de despotismo.

Contra essa alienação e essa desnaturação da essência e da vida alemãs, os juristas mais integrados aos círculos da SS propõem a volta à comunidade alemã original, cuja expressão mais autêntica encontra-se na época medieval, antes que a modernidade política francesa, reforçada pela ação da Igreja e a importação do direito romano, pusesse fim a esse paraíso original. A "comunidade do povo" nacional-socialista põe fim ao reinado do indivíduo: indivíduo-Príncipe, indivíduo-Estado, mas também indivíduo-cidadão, egoísta e solitário.

---

5   Ibid., p. 9.
6   Ibid., p. 12.

Essa volta à concepção comunitária do direito e do homem germânico é a garantia da liberdade de cada um: "O princípio da comunidade opõe-se frontalmente ao princípio individualista do Estado principesco soberano. Não se governa mais [...] dirige-se".[7]

Aquele que "dirige" (*führt*) é o *Führer*, e Hitler cumpre essa missão pelo simples motivo de que, vindo do povo e tendo entendido as leis da natureza e da história, é capaz de decidir o que o povo alemão quer, quase sempre sem sabê-lo: "Adolf Hitler não é um príncipe soberano, ele é o *Führer* e, em consequência, não pode ter súditos, mas apenas companheiros que o seguem".[8] A velha oposição entre príncipe e súdito, que datava do absolutismo, dá lugar à dupla "*Führer-Genosse*", "guia-companheiro", incompatível com uma relação de dominação ou servidão política: "É nele que se forma a vontade da comunidade [...]. Nisso, ele não é um ditador, pois o que decide emana do espírito da comunidade".[9]

O que vale politicamente (em relação aos cidadãos alemães) também vale no terreno administrativo (em relação aos funcionários)[10] e no econômico (em relação aos empregados).

Como o espírito comunitário voltou com força no momento da "revolução nacional" de 1933, o homem germânico recupera a liberdade em todos os níveis da sua vida e atividade; não está mais sujeito à rigidez abstrata do "governo" herdado da época principesca, participando plenamente, por intermédio da decisão do *Führer* que expressa sua vontade, da

---

7   *Ibid.*, p. 10 e p. 34.
8   *Ibid.*, p. 36.
9   *Ibid.*, p. 42.
10   *Ibid.*, p. 36.

soberania popular: onde quer que "se parta da comunidade do povo, não se governa mais, guia-se (*es wird geführt*)".[11]

No terreno econômico, essa é uma das mensagens do filme de 1937 intitulado *O Patrão* (*Der Herrscher*),[12] dirigido por Veit Harlan, no qual o ator Emil Jannings interpreta o chefe das empresas Clausen, que está envelhecendo. Patrão exemplar que veio de baixo, ele é um verdadeiro *Führer*, e no fim do filme decide legar a Clausen-Werke à "comunidade do povo". A sucessão estará nas mãos de outro operário vindo da linha de montagem, e não de um dos membros de sua família, parasitas interesseiros, abutres indecentes que esperam febrilmente sua morte próxima. Na Clausen todos são *geführt*, logo, livres, pois servem ao interesse da "comunidade produtiva" (*Betriebsgemeinschaft*), que por sua vez serve aos da "comunidade do povo", como fica evidente em vários monólogos de grande força de Matthias Clausen, saídos da pena terrivelmente política da autora do roteiro, Thea von Harbou, ex-esposa de Fritz Lang, que preferiu não deixar a Alemanha.

As empresas Clausen são o verdadeiro arquétipo do que era conhecido no III *Reich* como uma *Betriebsgemeinschaft* — a comunidade dos chefes e operários no interior da empresa. O que a *Volksgemeinschaft* — a "comunidade do povo" sem classes nem luta de classes — é na esfera pública, a *Betriebsgemeinschaft* realiza na esfera econômica: no seio da empresa existem apenas irmãos de raça, e não mais inimigos de classe. Todos, chefes e subordinados, trabalham livre e alegremente pelo bem comum, o bem da comunidade do povo, da raça germânica e do *Reich*. A época do marxismo, doutrina judaica, ficou para trás: a unidade do

---

11   *Ibid.*, p. 34.
12   *Der Herrscher* (Veit Harlan), UFA, 1937, 99 min, BA-FA 10274.

povo alemão, inata e espontânea, não pode ser negada nem destruída por esses propagadores de mentiras e divisões, os sindicalistas e ideólogos de esquerda. Sob todos os aspectos e em todas as esferas, portanto, o *Reich* é o reinado da liberdade. O *Führer* não é um ditador, muito menos um déspota. Por sua pessoa, seu percurso e sua ação, ele é a encarnação da liberdade germânica. Não se impõe por direito de primogenitura, de nascimento ou por decreto administrativo ou divino, mas por ser aquele que entendeu melhor as leis da natureza e da história e, em consequência, o mais qualificado para proteger e engrandecer o sangue alemão. Em todos os níveis, os infindáveis *Führer* militares, paramilitares, políticos, econômicos e civis também são eleitos da natureza, designados por seus dons e talentos. Quem os segue por fidelidade (*Gefolgschaft*) é livre, pois as ordens dos chefes são expressão da vontade profunda e das necessidades do destino da raça germânica.

Na década de 1980, o historiador Dieter Rebentisch percebeu e frisou que o III *Reich* aos poucos renunciou à "administração" (*Verwaltung*), por demais romana e francesa, para entrar decididamente numa era gerencial, a era da *Menschenführung*[13] fluida e proativa. A *Verwaltung* fazia parte da época superada dos Estados principescos e dos indivíduos submetidos a uma regra que não decidiram nem aprovaram. É a lamentável herança do Império Romano tardio — verdadeiro esgoto racial que só encontrava esteio na norma escrita e geral mais rígida —, da tirania clerical

---

13 Cf. Dieter Rebentisch e Karl Teppe (dir.), *Verwaltung contra Menschenführung im Staat Hitlers. Studien zum politisch-administrativen System*. Göttingen: Vandenhoeck & Ruprecht, 1986; e Dieter Rebentisch, *Führerstaat und Verwaltung im Zweiten Weltkrieg. Verfassungsentwicklung und Verwaltungspolitik 1939-1945*. Stuttgart: Steiner, 1989.

decorrente dele e do despotismo francês. A *Menschenführung*, pelo contrário, pressupõe que a comunidade dos membros (do serviço público, da empresa etc.) aprovou livremente a ordem e a decisão e se apropriou delas. É livremente que alguém adere e trabalha. O III *Reich*, assim, não é um regime despótico, mas, como afirma um dos seus juristas, Hans Frank, "um Estado de direito nacional-socialista" que representa a plena consecução da liberdade germânica.

Antes de 1933, o reinado da *Verwaltung* (da administração) assinava e carimbava a servidão do sujeito alemão, submetido à estrutura mecânica e rígida do Estado, do Exército, da Justiça... A era gerencial da *Menschenführung* garante que cada um possa, sendo "*geführt*" ("guiado" ou "dirigido"), participar da vontade e da liberdade do *Führer*, ou seja, do homem que entendeu melhor e pôs em prática a vontade profunda da raça germânica, que a reconciliou consigo e com sua natureza. Isso se aplica no nível dos princípios fundamentais da comunidade nacional-socialista e também, de maneira prática e concreta, em termos de organização econômica e da vida cotidiana.

O III *Reich*, congratula-se Reinhard Höhn, subverte, pela comunidade e a liberdade, o Estado contemporâneo herdado do período absolutista. Fiel ao que os colegas escrevem entre 1933 e 1945 sobre o Estado, suas necessárias mutações e sua indispensável transformação, Höhn nunca mais se afastaria dessa linha de pensamento, nem mesmo depois do fim do reinado nazista. O mal é o Estado, que, desde Luís XIV na França e o rei-soldado na Prússia,[14] reprimiu a bela vida

---

14 Frederico Guilherme I (1688-1740), rei da Prússia de 1713 até morrer, assim apelidado por seu primo e cunhado Jorge II da Grã-Bretanha, por sua paixão militar. [N.T.]

germânica, em vez de permitir seu florescimento. Depois de 1945, em sua longuíssima carreira de jurista e alto funcionário da SS convertido ao gerenciamento, ele não se cansa, como vimos, de repeti-lo, com a diferença de que, como a "comunidade do povo" não está mais na ordem do dia, depois da capitulação incondicional do *Reich*, é a empresa, com sua comunidade de colaboradores, que se torna o único lugar da liberdade, da criatividade e da plenitude.

4

GERENCIAR E ORGANIZAR OS "RECURSOS HUMANOS"

O trabalho teórico de juristas nazistas sobre a "direção dos homens", a *Menschenführung* que traduz e germaniza a expressão americana *management*, é indissociável de uma ambição e de uma obsessão: acabar com a "luta de classes", graças à unidade racial e ao trabalho comum em proveito da Alemanha e da *Volksgemeinschaft* ("comunidade do povo"). A ideia de que o grupo humano é uma sociedade composta de indivíduos e permeada de conflitos de classe é, segundo os nazistas, uma aberração que se deve aos revolucionários franceses e seus inspiradores (com Rousseau à frente deles), assim como a Karl Marx e aos judeo-bolcheviques alemães e russos.

Na comemoração do dia do trabalho do dia 1º de maio de 1933, foi proclamado em grandiosa cerimônia em Berlim-Tempelhof o fim da luta de classes e o advento de uma sociedade de "companheiros de raça" (*Volksgenossen*) unidos no combate que a Alemanha precisa empreender para sobreviver.

A visão nazista do mundo e da história é sombria: a vida é um combate permanente contra a natureza, as doenças, os outros povos e as outras raças. Esse tema recorrente do darwinismo social é radicalizado e repetido no III *Reich*, em uma Alemanha fortemente abalada por repetidos traumatismos: modernização rápida e brutal de 1871 a 1914, Grande Guerra (1914-1918) e derrota, quase-guerra civil entre 1918 e 1923, hiperinflação em 1922 e 1923 e, em seguida, mais uma vez, grande crise econômica, social e política — além de cultural e psicológica — a partir de 1929. Desse modo, a representação obsidional de uma Alemanha assediada e ameaçada de todos os lados encontra na história recente elementos manifestos de plausibilidade: com seu discurso ansiogênico e lamuriante, os nazistas sabem que ferem uma nota na experiência dos contemporâneos.

Seu discurso é tanto mais ouvido por não se limitar a lamentar: também propõe "soluções", em uma lógica social-darwinista misturada com racismo e eugenismo e, mais uma vez, perfeitamente assumida. Para que o povo alemão sobreviva nesse universo hostil, é preciso combinar dureza (*Härte*) com saúde (*Heil*) e tornar os *Volksgenossen* tão capazes de "bom desempenho" quanto possível. A palavra *leistungsfähig*, onipresente nessa época, pode ser traduzida como "eficiente", que apresenta bom desempenho, mas também como "produtivo" ou "rentável". *Leistung* é, antes de mais nada, ação, o fato de fazer alguma coisa, mas também de fazê-la muito (produtividade) e intensamente (rentabilidade). Como o trabalho, a *Leistung* é uma questão de raça. É o que afirma o professor Ludwig-Ferdinand Clauss, sumidade da psicologia e teórico das raças, em sua obra mais conhecida, *A raça e a alma*:[1] só o homem germânico é um ser de ação, trabalho e desempenho (*Leistungsmensch*). As outras raças esperam a salvação e o alimento diário dos outros, uma transcendência ilusória ou a própria morte, sublimada por uma duvidosa vida eterna. O germano, pelo contrário, encara a vida com energia e determinação e transforma a natureza para garantir a própria sobrevivência. Esse tema recorrente é martelado nos filmes antissemitas produzidos pelo Ministério da Propaganda: os judeus, orientais incuráveis, foram postos para trabalhar pelo ocupante alemão onde quer que as armas do *Reich* levaram a melhor. O germano, esse "Prometeu da humanidade" (Hitler), é o ferreiro do mundo, o criador de toda cultura, agricultura e indústria. É uma questão de raça, portanto, mas também de época. Em *O trabalhador* (*Der Arbeiter*), publicado em 1932, Ernst Jünger constatara e saudara o advento de um novo tipo humano, urbano, industrial e gregário, que, em consequência das grandes estruturas produtivas derivadas da Revolução Industrial e fortalecidas pela Grande Guerra, o planejamento e a "mobilização total", suplantava definitivamente o aristocrata e o burguês — ou seja, o indivíduo como valor, princípio e fim da organização social. A modernidade decididamente era de fogo e aço, uma forja do homem novo,

---

[1] Ludwig Ferdinand Clauss, *Rasse und Seele. Eine Einführung in den Sinn der leiblichen Gestalt*. Munique: Lehmann Verlag, 1926, 189 p.
Cf. também Ludwig Ferdinand Clauss, *Die nordische Seele — Eine Einführung in die Rassenseelenkunde*. Munique: Lehmann Verlag, 1933.

guerreiro nas trincheiras, operário nas fábricas, espectador nas ruas e na indústria do lazer.

Jünger, que se distanciaria de muitos aspectos do nazismo, ia ao seu encontro em tudo que este tinha em comum com a "revolução conservadora" pregada também por ele: em um mundo radicalmente desencantado, reduzido à imanência da matéria, das trocas e do dinheiro, o indivíduo não tinha qualquer valor por si e em si — senão como um raro herói. O homem alemão extraía seu sentido e sua existência do grupo que lhe dera vida e garantia sua sobrevivência: a "comunidade do povo". Só o trabalho do zero individual a serviço do infinito nacional ou racial tornava o indivíduo digno de viver.

Para os nazistas e aqueles que compartilham sua sensibilidade, o homem germânico é o homem da "comunidade" (*Gemeinschaft*) e do "trabalho" (*Arbeit*). Empenha-se em *produzir* objetos (armas e nutrientes, por exemplo) e filhos para devolver à "comunidade do povo" o que ela lhe deu (os cuidados com o bebê, a educação do filho...) — e devolvê-lo centuplicado, como um *eficiente*. Se necessário, esse desempenho deve ser reforçado pela química, outra obra admirável do gênio germânico — de que dá testemunho o consumo maciço de metanfetaminas, em forma de pílulas de Pervitin receitadas aos operários e soldados, para aumentar o tempo de vigília, a acuidade psicológica e a presença física.

*

Essa visão do indivíduo — que não existe em si mesmo, pois "o indivíduo nada é, seu povo é tudo" — é ao mesmo tempo utilitarista e reificante. Ela transforma cada um em coisa (*res*), em objeto, que deve ser útil para ter o direito de viver e existir. O indivíduo germânico torna-se uma ferramenta, um material (*Menschenmaterial*) e um fator — fator de produção, de crescimento, de prosperidade.

O racismo nazista é eugenista: não basta ter o bom sangue e a boa cor de pele, é necessário também ser plenamente utilizável como aparelho produtor e reprodutor. Como não existia na época o prognóstico genético pré-natal, a hora é do diagnóstico: todos aqueles que são considerados doentes hereditários devem ser excluídos do ciclo da procriação (quatrocentas mil esterilizações forçadas de 1933 a 1945) e mesmo assassinados, como é o caso a partir da entrada em guerra em 1939 (duzentos mil mortos até 1945), no contexto da operação T4 e seus desdobramentos: como vemos, o crime contra a humanidade e o massacre de massa também atingem a biologia ou, literalmente, a biomassa "germânica", quando considerada insatisfatória ou falha. Os "seres ineficientes", "não produtivos", "não rentáveis" (*leistungsunfähige Wesen*) são "seres indignos de viver" (*lebensunwürdige Menschen*), simples "envelopes corporais humanoides vazios" (*leere Menschenhülsen*) a serem excluídos do "patrimônio genético alemão" (*deutsche Erbmasse*). Os médicos sentem menos escrúpulos na colaboração com essa empreitada de engenharia biopolítica — ou, nos termos de um jurista nazista, "bionômica" — por considerarem que o sujeito a ser tratado não é um indivíduo, mas um "corpo" da "comunidade do povo" em sua integralidade, da qual os indivíduos são apenas membros.

O prisma biológico nazista deforma, assim, os alógenos, os estranhos da raça, vistos como inferiores ou perigosos, mas também a própria humanidade alemã, que precisa provar sua excelência — e em março de 1945 Hitler não hesitava em considerar que, tendo os alemães perdido a guerra, a totalidade de seu povo podia perfeitamente morrer, dada sua comprovada inferioridade.

A engenharia social, biológica e médica atinge em cheio os "seres ineficientes" e as "entidades indignas de viver", mas também os "associais" — vagabundos, sonhadores, indivíduos não conformes dos mais diversos tipos ou subprefeitos do meio rural cuja existência ainda não é "rentável" para a "comunidade do povo". A partir de 1936, várias operações da polícia e da SS passam no pente-fino milhares de desocupados ou considerados como tais, levados para campos de trabalho ou de concentração.

*

O homem alemão, assim, não deve ser doente nem desocupado, nem se insurgir contra o novo poder. Procriador, deve ter constituição sadia e preservá-la por meio da higiene e do esporte, para assim se aguerrir no trabalho e na guerra. Mostramos antes que o tríptico procriar-combater-reinar resume a missão histórica e a vocação biológica do germano. A produção pelo trabalho é uma das modalidades desse combate, ainda mais num contexto estratégico em que a produção econômica é orientada pela e para a guerra que está por vir. Já em 1933, e mais ainda a partir de 1936, a economia alemã é posta em ordem de batalha para uma guerra prevista para no máximo 1940. A reorientação da produção é qualitativa (é preciso produzir armas e seus componentes), mas também quantitativa (é preciso produzir muito). O que se exige dos trabalhadores alemães da indústria pesada, da indústria química, dos produtores de componentes elétricos etc. é considerável[2] em termos de investimento físico e

---

2   Adam Tooze, *The Wages of Destruction. The Making and Breaking of the Nazi Economy*. Londres: Penguin Books, 2007, trad. fr.

temporal. No mais alto nível do partido e do Estado, tem-se consciência de que esse esforço de produção excepcional requer contrapartidas. O risco de uma revolução política por motivos sociais e econômicos é uma das obsessões da *Führung*: da revolta dos tecelões da Silésia em 1844, cantada por Heinrich Heine e celebrada pela poetisa socialista Käthe Kollwitz, à revolução de 1918, passando pela de 1848, todas tiveram causas econômicas. Para evitar sua repetição, é preciso prevenir qualquer fenômeno de fome — decisivo nos casos mencionados — e toda forma de esgotamento no trabalho. É preciso também mostrar ao povo alemão que ele não trabalha em vão. A escravidão é para os outros: o "paraíso bolchevique" é apresentado em discursos, filmes, imagens e exposições como um imenso gulag a céu aberto em que o "cidadão" soviético, novo mujique esmagado pelas cotas de produção e castigado com o cnute,[3] morre de construir canais, fábricas e barragens exclusivamente em benefício de uma nova aristocracia, a aristocracia da *nomenklatura* "judia" que domina o país desde 1917. O espantalho do comunismo, brandido constantemente pela propaganda nazista, cumpre uma função fundamental na economia psíquica dos alemães depois de 1933: serve para mostrar e demonstrar que, embora se trabalhe muito na Alemanha, o horror está longe. A se dar crédito à imprensa e aos discursos políticos, que apenas desenvolvem aqui tradições culturais antigas e preconceitos arraigados, como tantas vezes acontece, o despotismo soviético é o avatar contemporâneo do velho ódio à liberdade cultivado na "Ásia" e no "Oriente". Hegel

---

Pierre-Emmanuel Dauzat, *Le Salaire de la destruction. Formation et ruine de l'économie nazie*. Paris: Les Belles Lettres, 2012.

3 Chicote usado antigamente na Rússia. [N.T.]

já apontava no Oriente o lugar da escravidão (onde só um é livre, o rei persa ou o faraó, e os demais são escravizados) e, na Germânia, o lugar da liberdade (onde todo mundo é livre graças à lei): com estridente vulgaridade, o cinema e a imprensa nazistas, mas também uma exposição de enorme popularidade como "O Paraíso Soviético", visitada por mais de um milhão de pessoas em 1942, retomam e radicalizam esses lugares comuns do patrimônio cultural alemão.

O escravo soviético não é livre para trabalhar. É obrigado por um regime desumano, inimigo do próprio povo. Em sentido inverso, o trabalhador alemão encarna e realiza sua liberdade, feliz por contribuir para a obra de reconstrução nacional. Esse refrão, repetido em todos os tons, não convence ninguém, nem mesmo, para começar, os dirigentes do regime, que não se deixam enganar pela própria propaganda e têm perfeita consciência de que, para evitar uma revolta ou uma revolução e não acabarem como Guilherme II em 1918, precisam dar satisfações concretas aos trabalhadores do *Reich* — ou seja, como escreve o historiador Götz Aly, "comprar os alemães".[4] O que passa por uma política social e fiscal vantajosa para sujeitos "germânicos": os impostos diminuem e os benefícios sociais aumentam — e o todo é financiado pelas espoliações impostas aos inimigos políticos do regime e aos judeus exilados, além das pilhagens da guerra que está para começar, prognosticadas com gulodice. O *Reich* vive na base do crédito, fiscal, social e economicamente, para financiar sua economia de guerra

---

4   Götz Aly, *Hitlers Volksstaat. Raub, Rassenkrieg und nationaler Sozialismus*. Frankfurt: Fischer Verlag, 2005, trad. fr. Marie Gravey, *Comment Hitler a acheté les Allemands. Le IIIE Reich, une dictature au service du people*. Paris: Flammarion, 2005.

e estimular o trabalhador alemão a dar sua contribuição sem resmungar muito.

No trabalho, na vida econômica e no cotidiano político, o consentimento dos alemães é objeto de extrema atenção da parte dos dirigentes do *Reich*. Obter o assentimento e mesmo suscitar a adesão é a preocupação constante, até o último momento: a história, seja nas revoluções de 1917 na Rússia ou de 1918 na Alemanha, entre outras, prova que a vigilância e a repressão só são úteis marginalmente, para complementar uma ampla política de produção da adesão. Frente ao descontentamento das massas, o poder nunca se sustenta por muito tempo, mesmo um poder temível como o dos czares na Rússia ou enraizado na sociedade e na cultura como o dos Hohenzollern na Alemanha. Além disso, desde Bismarck, o desmoronamento francês de 1870 e a Comuna de 1871 — essa consecução da derrota e da revolução — assustam os poderosos. Para bom entendedor, meia palavra basta: a perenidade do poder não será garantida pela simples aliança do porrete com o microfone, da guarita com a propaganda. É preciso mais, e muito mais, para envolver e motivar uma população a trabalhar, e depois a combater e matar.

No terreno econômico, logo se revela necessário criar um gerenciamento, uma *Menschenführung* que gratifique e prometa, para motivar e criar uma comunidade produtiva.

É aqui que a tonalidade, senão a sensibilidade "socialista" do nacional-socialismo se revela prodigiosamente útil. Ela nunca foi levada a sério por Hitler, que, de resto, manda afastar das fileiras do NSDAP e depois eliminar fisicamente aqueles que acreditavam sinceramente no projeto de um socialismo nacional: desde o surgimento na Baviera em 1919-1920, o nacional-*socialismo* foi uma armadilha política, um logro semântico, visando a conduzir na direção da nação aqueles que se sentissem tentados pelo internacionalismo socialista ou comunista. Resta o fato de que, por razões táticas, essa promessa foi mantida, pensando-se sobretudo nos trabalhadores alemães. Desse modo, o filme *Der Herrscher*, mostrando a ascensão de um simples operário à condição de magnata, traduz na escala empresarial a promessa já cumprida em nível político, com o advento de Adolf Hitler. Hitler é constantemente apresentado como o cabo vindo da tropa, o homem comum escolhido pela natureza e que se tornou, por seus dons e seu trabalho, chefe de uma grande nação. Da mesma forma, o velho Clausen anuncia que a direção das suas empresas caberá a um operário vindo da linha de montagem que se distinguiu por uma *Leistung* notável e meritória.

Depois do esforço, portanto, vem a promoção: o trabalho será recompensado pelo poder político ou pela direção econômica. Como nem todo mundo pode ser chefe supremo, esse princípio se aplicará em todos os escalões, nos quais proliferam bonzos uniformizados, contramestres e chefetes. Uma das máximas do III *Reich* é a famosa expressão forjada no portão de entrada do campo de concentração de Buchenwald: "A cada um o que lhe é devido", ou a cada um segundo seus méritos (*Jedem das Seine*), a definição da justiça pela equidade, e não pela igualdade.[5] O rompimento com o velho regime, o regime do *Kaiserreich*, fica claro, pelo menos nas palavras: não é mais o nascimento nem a rede de relações, a herança ou o capital social que garante o progresso, mas o mérito. Foram bem aproveitadas as lições de produtividade tomadas por engenheiros alemães nos Estados Unidos na

---

5 Johann Chapoutot, "*Suum cuique* et 'justice naturelle' sous le IIIE Reich", em Christine Mengès-Le Pape (dir.), *La Justice entre théologie et droit*. Toulouse: Presses de l'Université Toulouse I Capitole, 2016, pp. 633-640.

década de 1920: não se deve desanimar o operário, mas, pelo contrário, fazê-lo sonhar. Henry Ford, potentado taylorista sem escrúpulos, grande senhor das cadeias de produção e da sujeição dos corpos, ensaísta antissemita e por sinal sincero admirador do III Reich, compensa essa alienação desumana com a perspectiva de uma possível evolução de carreira para todos, mas também de acesso à propriedade (cabendo ao produtor do Ford T concretizá-la).

Além dessa jubilosa perspectiva de mudança de condição, de promoção e progresso social, além de uma política fiscal e social vantajosa, também é necessário oferecer aos trabalhadores alemães um bálsamo que alivie o esforço, que lhes proporcione prazer e mesmo "alegria" de trabalhar. O modelo, aqui, é italiano, e mais precisamente fascista. É por inspiração do *Dopolavoro* peninsular que se cria a "Força pela Alegria", a organização *Kraft durch Freude*, que podemos definir como um imenso comitê sindical de trabalhadores nas dimensões de todo o *Reich*.

A ideia é simples: a força produtiva é sustida pela alegria, uma alegria produzida pelo prazer e o lazer. Em todo o Ocidente industrializado, o "lazer" tem excelente fama nessa década de 1930 em que a Frente Popular francesa o transforma em tema político e até em secretaria de Estado. Na Alemanha dos nazistas, o lazer só faz sentido por referência ao trabalho: ele só existe para relaxar, descansar e rearmar o indivíduo produtor, regenerando sua força de trabalho — e não é por outro motivo que a organização KdF é integrada e subordinada à DAF (Deutsche Arbeitsfront — Frente Alemã do Trabalho), organismo corporativista e sindicato único do III *Reich*, como uma de suas subdivisões.

A "Força pela Alegria" dá sustentação à existência e às missões da Frente Alemã do Trabalho: a DAF tomou o lugar das organizações sindicais em 2 de maio de 1933, tendo como missão organizar a produção alemã de maneira a torná-la ideal. Desse modo, o sindicato único, entidade corporativista, põe fim à luta de classes e à estéril oposição entre patronato e empregados ou operários. Seu departamento encarregado do lazer, a KdF, é incumbido de tornar belo e feliz o local de trabalho e permitir a reconstituição da força produtiva dos operários. Assim, a KdF promove concertos de música clássica nas fábricas, obsequiosamente filmados pelas atualidades cinematográficas do *Reich* quando está na regência uma celebridade do mundo artístico como Herbert von Karajan. Um departamento da organização KdF, o *Amt Schönheit der Arbeit* ("Beleza do Trabalho"), é incumbido de estudar as medidas necessárias em matéria de decoração, economia, segurança do trabalho e lazeres no local de produção. Incrível modernidade nazista: ainda não estamos na era do pebolim, das aulas de ioga nem dos *chief happiness officers*, mas o princípio e o espírito são os mesmos. Como o bem-estar e mesmo a alegria são fatores determinantes do desempenho e das condições de uma produtividade ideal, é indispensável cuidar da questão.

De 1933 a 1939, antes da guerra, portanto, fundos públicos somando duzentos milhões de Reichsmarks (o equivalente a cerca de um bilhão de euros atualmente) são empregados na melhoria da iluminação, da ventilação, da alimentação dos trabalhadores, mas também para criar cantinas, salas de convivência, bibliotecas de empresas, concursos esportivos e de jogos. Mais que uma sincera comiseração com a situação dos operários, essas medidas mostram a firme vontade de aumentar sua produtividade. De resto, a concorrência e a emulação estão na ordem do dia: as empresas que aplicam com rigor os princípios do departamento "Beleza do

Trabalho" podem ser destacadas com o título de "empresa nacional-socialista modelo" (NS-*Musterbetrieb*).

Tranquilizado por um local de trabalho transfigurado, o operário também é cuidado fora da fábrica ou do escritório. Mais uma vez, trata-se de reforçar e reconstituir sua força produtiva com atividades de lazer que lhe permitam voltar ao posto plenamente descansado e disponível. Assim, a organização KdF promove caminhadas na natureza, cruzeiros marítimos ou estadas com tudo pago em centros de férias na montanha ou balneários montados com essa finalidade, como o monumental complexo de Prora, na ilha de Rügen, com seu hotel de seis quilômetros de comprimento e seus vinte mil leitos. De 1933 a 1939, são organizadas 36 milhões de viagens curtas e sete milhões de viagens e hospedagens longas, entre elas setecentos mil cruzeiros nos "navios KdF", paquetes construídos e fretados pela própria organização. A promessa "socialista" tem seus limites: por causa do preço (120 RM), os cruzeiros são reservados aos empregados e quadros superiores, pois esse tipo de lazer está fora do alcance do salário médio do operário (150 RM). Estes têm direito, isto sim, a excursões de alguns dias nas montanhas da Baviera — o que, na época, não é pouca coisa — e a idas ao teatro, ao cinema ou aos museus (quase quarenta milhões de entradas até 1939).

Em 1936, uma cidade olímpica da KdF, construída com essa finalidade específica, permite a dezenas de milhares de *Volksgenossen* assistir às Olimpíadas de Berlim: o espetáculo esportivo é uma fonte de emulação que deve se traduzir, segundo desejo manifestado explicitamente pelo próprio Hitler, em saúde física, força produtiva e agressividade guerreira.

A recompensa suprema, para o operário alemão, é o "automóvel KdF", o *KdF-Wagen* projetado por Ferdinand Porsche, cuja produção tem início em 1938 e que ficaria popularmente conhecido, depois de 1945, como "besouro".[6] O *Volkswagen*, que significa literalmente "carro do povo", é uma das muitas promessas não cumpridas do III *Reich*, pois sua fabricação, em virtude da guerra, é suspensa já em 1939, em proveito da produção, nas fábricas KdF erguidas *ex nihilo* em Wolfsburg, de *Kübelwagen*, veículos militares comparáveis ao jipe americano. Mesmo assim, a promessa seduziu mais de trezentas mil pessoas, que contribuíram junto à "Força pela Alegria" para adquiri-lo. O "carro do povo" deveria ter sido o Ford-T do *Reich*: uma motivação, uma recompensa e a ponta de lança da motorização da Alemanha.

Cuidados ergonômicos, espaços de convívio, organização de atividades coletivas de lazer... eram amenidades reservadas aos membros da "comunidade do povo", uma comunidade a ser promovida e construída, mas de modo algum aos alógenos raciais, aos trabalhadores estrangeiros que afluem ao *Reich* a partir de 1939. Num momento em que os homens se afastam do território nacional, recrutados militarmente, os estrangeiros tomam seu lugar, trabalhadores voluntários ou forçados: o III *Reich*, que queria depurar o território de toda alteridade, recebe quinze milhões de trabalhadores estrangeiros em 1945. Esses são considerados uma reserva de energia a ser explorada até o esgotamento, no caso dos trabalhadores poloneses, dos trabalhadores do Leste (*Ostarbeiter*) e dos detentos dos campos de concentração. Considerados biologicamente como sub-homens, eles constituem, do ponto de vista econômico, um recurso

---

6   O Fusca. [N. T.]

sub-humano ou infra-humano que deve ser tratado como tal. Nem gerenciar nem poupar: só coagir, além de reprimir ferozmente, se aplica no caso dos estrangeiros que estão na "comunidade".

5

DA SS À GESTÃO: A AKADEMIE FÜR FÜHRUNGSKRÄFTE DE REINHARD HÖHN

As reflexões sobre a organização do trabalho, a otimização dos fatores de produção e a sociedade produtiva mais eficiente foram numerosas e intensas no III *Reich*, não apenas porque respondiam a questões urgentes, senão vitais, mas também porque havia na Alemanha uma elite de jovens universitários aliando conhecimento e ação, reflexão erudita e tecnocracia, que, no caso algumas dezenas de milhares deles, encontraram um lugar natural no serviço de inteligência (SD) da SS,[1] repartindo-se os demais pela infinidade de instituições e agências criadas *ad hoc* no governo nazista, quando não se aproveitavam pura e simplesmente da excelente oportunidade representada pelos expurgos políticos e raciais na Universidade, que, tendo demitido um terço dos professores, assistentes e pesquisadores, liberou milhares de postos a partir 7 de abril de 1933.

Reinhard Höhn é, ao lado de outros, como Werner Best, Wilhelm Stuckart, Otto Ohlendorf e tantos mais, o arquétipo desse intelectual tecnocrata. E também a sua vanguarda, pelo seu radicalismo, suas ideias inovadoras e suas reflexões sobre o progressivo desaparecimento do Estado.

Poderíamos dizer que Reinhard Höhn é uma espécie de Josef Mengele do direito, ou seu equivalente, em todo caso. Enquanto um exerce seus talentos e consome sua ambição torturando gêmeos, o outro cria e analisa conceitos jurídicos para regenerar a comunidade alemã e reconfigurar a Europa, sendo a "comunidade" e o "espaço vital" seus dois objetos de preocupação e reflexão antes de 1945.

Höhn nasceu em 1904 na Turíngia,[2] de um pai que subiu na hierarquia judiciária com grande esforço, até se tornar

---

1   Michael Wildt, *Generation des Unbedingten. Das Führungskorps des Reichssicherheitshauptamtes*. Hamburgo: Hamburger Edition, 2002, 966 p., e Christian Ingrao, *Croire et détruire. Les intellectuels dans la machine de guerre SS*. Paris: Fayard, 2010.

2   Durante muito tempo sentimos falta de uma biografia de Reinhard Höhn comparável à que Ulrich Herbert dedicou a Werner Best. Dois historiadores, Michael Wildt e Lutz Hachmeister, se interessaram por ele, assim como o jurista Olivier Jouanjan: Olivier Jouanjan, "Reinhard Höhn, juriste, SS, manager", em Marc-Olivier Baruch (dir.), *Faire des choix? Les fonctionnaires dans l'Europe des dictatures, 1933-1948*. Paris: La Documentation

Amtsanwalt — uma espécie de procurador adjunto. Mengele tem sete anos a menos que ele. É bávaro, filho de uma família de industriais — ainda hoje, o nome Mengele é conhecido no campo das máquinas agrícolas. Ambos se formam à base de ambição intelectual e social: traços regulares, corte impecável, maneiras cultivadas, eles se sentem à vontade nas relações humanas e na sociedade, seja com um copo na mão ou em reuniões de trabalho, muito embora tenham como refúgio favorito seus livros, seus cadernos e sua cama, igualmente instrumentos de uma insaciável vontade de poder.

Trabalhador obstinado, Reinhard Höhn foi um estudante da direita nacional mais conservadora, sem ser nazista. Estudante de direito e economia em Kiel e depois em Munique, foi membro da Ordem Jovem-Alemã (*Jungdeutscher Orden*), organização antissemita e anticomunista próxima do NSDAP, mas que se opôs à tentativa de golpe de Hitler em 1923. Höhn a deixa tarde, em janeiro de 1932, depois de ter investido muito nela, como militante, quadro superior e teórico. Sua ambição, juntamente com os membros da ordem,

---

française, 2014, pp. 99-125; Lutz Hachmeister, "Die Rolle des SD-Personals in der Nachkriegszeit. Zur nationalsozialistischen Durchdringung der Bundesrepublik", em Michael Wildt (dir.), *Nachrichtendienst, politische Elite und Mordeinheit. Der Sicherheitsdienst des Reichsführers* SS. Hamburgo: Hamburger Edition, 2016, pp. 347-369; Michael Wildt, "Der Fall Reinhard Höhn. Vom Reichssicherheitshauptamt zur Harzburger Akademie", em Alexander Gallus e Axel Schildt (dir.), *Rückblickend in die Zukunft. Politische Öffentlichkeit und intellektuelle Positionen in Deutschland um 1950 und um 1930*. Göttingen: Wallstein Verlag, 2011, pp. 254-274. Só recentemente, no verão de 2019, foi publicada na Alemanha uma biografia de Höhn, derivada de uma tese defendida na Technische Universität de Chemnitz: Alexander Müller, *Reinhard Höhn: ein Leben zwischen Kontinuität und Neubeginn*. Berlim: Be. Bra Wissenschaft Verlag, 2019.

era recriar uma "comunidade" alemã tradicional para fazer frente aos riscos e equívocos da "sociedade" contemporânea e seu individualismo — programa perfeitamente banal na época, e típico da chamada corrente da "revolução conservadora". Em 1º de maio de 1933, ele entra para o NSDAP, e em julho, para a SS: passa então a fazer parte do SD, no qual cria e dirige o departamento *Lebensgebiete*, que tem como missão analisar os diferentes "espaços de vida" do povo alemão (universidades, administrações, empresas...) para neles combater os inimigos do novo poder. Enquanto isso, tornou-se doutor em direito — com uma tese sobre o juiz penal durante a Revolução Francesa, defendida em Iena em 1927[3] —, sendo habilitado em 1934 — em Heidelberg, com um trabalho na esfera do direito público sobre "O conceito individualista de Estado e sua personalidade jurídica".[4]
É em Heidelberg que ele tem sua primeira experiência de professor, como encarregado de estudos dirigidos. Provavelmente tem como aluno, então, o jovem estudante de direito[5] Hans-Martin Schleyer, futuro capitão da SS incumbido da arianização da economia eslovaca e, depois de 1945, diretor de empresa, até se tornar o chefe da organização patronal alemã na década de 1970.

A "comunidade" (*Gemeinschaft*) é a sua obsessão: a seus olhos, a única realidade existente e normativa. Não é o Estado que cria o povo, mas a comunidade do povo que cria o Estado, simples instrumento secundário, e de modo

---

3   Reinhard Höhn, *Die Stellung des Strafrichters in den Gesetzen der französischen Revolutionszeit (1791-1810)*. Berlim: De Gruyter, 1929.
4   Reinhard Höhn, *Der individualistische Staatsbegriff und die juristische Staatsperson*. Berlim: Heymann, 1935.
5   Lutz Hachmeister, *Schleyer, eine deutsche Geschichte*. Munique: Beck Verlag, 2004.

algum realidade suprema. Höhn insiste ainda mais nessa tese por ser idêntica à dos novos senhores do momento, à frente deles Hitler, que veem o Estado como uma realidade subordinada à do *Volk* e da *Volksgemeinschaft*.

Höhn publica numerosos artigos e ensaios sobre a "comunidade" e a reconfiguração do Grande Espaço vital a Leste, temas igualmente caros a Carl Schmitt, que Höhn cortejou e, em meados da década de 1930, tentou eliminar da esfera política e acadêmica. Em 1936, quando Schmitt deixa clara suas ambições ao organizar um grande seminário sobre "a judiaria nas ciências jurídicas",[6] uma série de artigos publicados no *Schwarzes Korps*, o órgão de imprensa da SS, critica aquele que pretende tornar-se o "jurista da coroa" do III *Reich*. As informações necessárias são fornecidas por Reinhard Höhn,[7] que soube chamar a atenção de Himmler e Heydrich para o risco representado por Schmitt. O erro de Schmitt, católico, apaixonado pela Itália e a França, é estar irremediavelmente vinculado ao Estado, princípio e fim da vida jurídica. Demasiado católico, demasiado romano, demasiado latino e teólogo, Schmitt, em direito interno, é um homem do Estado, e não da raça. Em direito internacional, a coisa é no mínimo igualmente grave: o Estado aparece em seus textos como um Grande Espaço (*Grossraum*), e não como um "espaço vital" (*Lebensraum*), um biótopo. Por

---

6   Carl Schmitt (dir.), *Das Judentum in der Rechtswissenschaft. Ansprachen, Vorträge und Ergebnisse der Tagung der Reichsgruppe Hochschullehrer des NSRB am 3. und 4. Oktober 1936 — 1 — Die deutsche Rechtswissenschaft im Kampf gegen den jüdischen Geist*. Berlim: Deutscher Rechtsverlag, 1936.

7   Michael Wildt, "Der Fall Reinhard Höhn. Vom Reichssicherheitshauptamt zur Harzburger Akademie", em Alexander Gallus e Axel Schildt (dir.), *Rückblickend in die Zukunft, op. cit.*, p. 259.

demais clássica e jurídica, por demais enraizada na teoria tradicional das relações internacionais, sua concepção dos espaços não é suficientemente biológica. Schmitt surge então como um homem do passado, muito tímido e moderado em relação aos jovens cavaleiros da guarda do radicalismo nazista. Fez de tudo para ser um nazista perfeito, ofereceu garantias do seu nacionalismo e do seu antissemitismo obsessivo — que nunca seria desmentido, pelo contrário —, mas foi ultrapassado à direita pelos elementos mais radicais, coerentes e ambiciosos que ele.

Höhn é um dos quadros mais promissores do SD: a inesgotável energia intelectual, o talento tático e as aptidões mundanas fazem dele um alto funcionário da SS e um intrigante de primeira ordem. Apreciado e protegido por Himmler e Heydrich, ele não deixa de ter numerosos inimigos, que sabem desenterrar as citações mais comprometedoras da sua juventude "jovem-alemã": discursos e artigos são relidos pelos adversários, que encontram ferozes críticas ao NSDAP e a Hitler. Ele é afastado da direção do SD (seu departamento é entregue ao professor Six) e nomeado professor na Universidade de Berlim e diretor do Instituto de Pesquisas sobre o Estado (Institut für Staatsforschung), sediado nas instalações da SS em Wannsee. A missão desse instituto é fornecer ao NSDAP, ao Ministério de Relações Exteriores e à Wehrmacht elementos para a adaptação das instituições de Estado ao Grande *Reich* que está para chegar: que estruturas e quais reformas? Höhn leva adiante seu trabalho teórico sobre o Estado, a comunidade e as agências, promovendo seminários e publicações de direito administrativo comparado. É igualmente nesse contexto que dirige a publicação da revista *Reich, Volksordnung, Lebensraum*, da qual já falamos.

O trabalho de Reinhard Höhn é tão satisfatório que, apesar das intrigas e graças à proteção de Himmler, ele dá prosseguimento a sua carreira na SS: elevado ao posto de *Standartenführer* (coronel) em 1939, ele é feito *Oberführer* (general) em 1944 e nessa patente chega ao fim da guerra.

O ano de 1945 representa para Höhn e seus companheiros uma catástrofe política e um definitivo corte biográfico. É preciso reinventar-se, mudar — de lugar, de carreira, de vida. A cada vez, os antigos quadros da SS interpretaram a arte da fuga de uma forma diferente. Na verdade, para sermos rigorosos, não se trata de fuga no caso de Reinhard Höhn. Mengele se enterra na montanha e depois foge para a América Latina, mudando de nome várias vezes. Outros colegas de Höhn operam prodígios de energia e imaginação para se esquivar e se esconder. É o caso do jovem cientista e doutor em literatura Hans Schneider, capitão da SS e membro do Ahnenerbe, que desaparece sem deixar vestígios: ele é declarado *"vermisst"* pela esposa, desaparecido, morto em combate ou nos bombardeios que castigaram a Alemanha em 1945. Schneider consegue identidade falsa, de um desaparecido perfeitamente real, e literalmente *refaz* sua vida. Refaz tudo: reescreve uma tese de doutorado, embora já fosse doutor; casa de novo com sua mulher, ficticiamente viúva de guerra; aproveitando o impulso, torna-se professor universitário por concurso. O professor Hans Schwerte, consagrado especialista em literatura alemã contemporânea, reitor da Universidade Técnica de Aix-la-Chapelle (Aachen), só seria desmascarado em 1995.

Höhn não se dá ao trabalho de tomar nenhuma dessas precauções. Não foge para outro continente nem muda de identidade, exceto durante um período de cinco anos em que, por prudência, conseguiu que antigos colegas do SD lhe forjassem papéis em nome de "Rudolf Haeberlein", ou "Onkel Rudi" para suas duas filhas. Höhn só voltaria a usar seu nome verdadeiro em 1950. Como Klaus Barbie e muitos outros, o professor dr. Höhn tem êxito em sua conversão deixando de mudar: depois da guerra, torna-se exatamente o que sempre foi. Aqueles que querem a todo custo mudar — de carreira, de vida —, ao contrário de um Eichmann ou de um Mengele, é que fracassam.

Com o fim do *Reich*, ele fica inicialmente sem emprego, sem grau acadêmico, sem estatuto social. A capitulação incondicional destrói seus lugares de socialização e emprego: a SS e o SD desaparecem, assim como seus cursos na Universidade de Berlim, onde era titular de uma cátedra em decorrência de suas funções no SD e da vontade de Heinrich Himmler. No caos generalizado, Reinhard Höhn desaparece e escapa a todo e qualquer processo da parte dos aliados ou da justiça alemã: como não comandou nenhuma unidade de matadores na frente do Leste, ele não tem interesse prioritário. São tempos difíceis. Höhn/Haeberlein se estabelece em Lippstadt, cidadezinha da Vestfália, como *Heilpraktiker*, isto é, paramédico, profissão ainda hoje regulamentada na Alemanha por uma lei de 1939, designando todo terapeuta que trabalhe com medicinas não convencionais. Apaixonado pelo budismo desde a adolescência e iniciado na imposição de mãos por sua senhoria em Lippstadt, velha senhora amadora de tarô, Höhn praticava a acupuntura e a homeopatia. Foi interpelado pela justiça por ter afixado em seu consultório uma placa apregoando o título de *Professor Doktor* sem esclarecer que era doutor e professor de direito, e não de medicina. A mentira caridosa, pecado venial, lhe valeu uma multa acompanhada da obrigação de suspender a atividade. Foi seu único problema com a justiça no imediato pós-guerra, até que um tribunal de Berlim o condenasse, em 1958, a uma multa de doze mil marcos alemães por ter difundido ideias nazistas no mundo estudantil na época do III *Reich*:[8] Doze mil marcos alemães, o equivalente 1.500 euros, para saldar todas as dívidas. Estamos no direito de considerar que não saiu caro.

Depois do parêntese neuropata, a situação de Reinhard Höhn rapidamente melhora, graças às redes de solidariedade entre os cerca de 6.500 antigos membros do SD (num total de cinquenta mil pessoas empregadas pelo RSHA — Reichssicherheitshauptamt, o escritório central de segurança do *Reich*). Essas redes são ativas e poderosas, pois antigos tecnocratas e intelectuais da SS são encontrados em toda parte no mundo da administração, da universidade, da justiça e da economia. Os antigos gestores do Grande *Reich* são particularmente valorizados no setor privado, no qual são apreciadas sua excelente formação (em geral de jurista) e sua experiência à frente dos órgãos do *Reich*, e no qual não foram esquecidos os excelentes negócios realizados, durante doze anos, graças ao rearmamento e à frutífera cooperação entre a indústria alemã e o império concentracionário da SS. Assiste-se assim, depois da fundação da República Federal da Alemanha (RFA)[9], a uma "penetração nacional-socialista da República Federal", para maior lucro de antigos criminosos que escapam de toda preocupação judiciária ou veem suas penas comutadas ou reduzidas.

Höhn conta, assim, com a ajuda e os conselhos de Ernst Aschenbach, doutor em direito e diplomata, ex-diretor do

---

8   *Ibid.*, p. 266.
9   Lutz Hachmeister, "Die Rolle des SD-Personals in der Nachkriegszeit. Zur nationalsozialistischen Durchdringung der Bundesrepublik", in Michael Wildt (dir.), Nachrichtendienst, politische Elite und Mordeinheit, op. cit., p. 349.

setor político da embaixada do *Reich* em Paris e, nessa condição, envolvido na deportação dos judeus da França. Passando a trabalhar como advogado em Essen, o dr. Aschenbach era muito ativo no apoio aos criminosos nazistas perante a justiça, mas também nos círculos do poder em Bonn, dos quais participava graças a seus mandatos de deputado federal e europeu pelo partido liberal (FDP). É Aschenbach, estreitamente associado a Werner Best, igualmente envolvido na defesa de seus *"alte Kameraden"*, quem guia Höhn pelos caminhos da reabilitação legal. A lei de anistia de 31 de dezembro de 1949, assim, lava o seu passado, junto com o de outros oitocentos mil nazistas. Mas as redes da SS não se limitam a proporcionar papéis, certificados de boa conduta ou uma virgindade penal. Por sua presença nos círculos do poder político e econômico, e isso até bem perto de Adenauer, na chancelaria e no coração dos conselhos de administração e das direções gerais das maiores empresas, os movimentos de solidariedade da SS conseguem cargos de empregos para os "antigos".

Uns tornam-se advogados de negócios, membros de conselhos de administração, gestores e diretores de estruturas empresariais, enquanto outros, como Höhn, se mantêm fiéis a sua vocação intelectual e pedagógica.

É um velho conhecido, o general de Panzer[10] Heinrich Eberbach, ex-comandante em chefe do Panzergruppe West e mais tarde do VII Exército, convertido em administrador da Academia Evangélica, renomado *think tank* protestante, que convida Reinhard Höhn a fazer conferências sobre história militar num contexto de reflexão estratégica no qual,

---

10   Abreviação de *Panzerkampfwagen*, veículo blindado de combate ou tanque. [N.T.]

no início dos anos 1950, o governo de Bonn analisa a possibilidade de reconstituição de um exército alemão. Frente ao inimigo soviético, é bom rearmar-se economicamente com o Plano Marshall e a CECA (Comunidade Europeia do Carvão e do Aço), mas também rearmar-se pura e simplesmente. Apesar dos inomináveis desastres da guerra e dos primeiros projetos de desarmamento completo e eterno da Alemanha, os países-membros da CECA pensam inclusive na criação de uma Comunidade Europeia de Defesa (CED) em que o inimigo alemão, oportunamente transformado em amigo, teria um lugar a ocupar. Conhecido por seus trabalhos de história militar desde a publicação do volumoso *Revolution, Heer, Kriegsbild* em 1944, o jurista e ex-oficial da SS está entre os especialistas que ajudam a pensar a ferramenta militar de hoje e amanhã. Höhn não se faz de rogado: cultiva e amplia a rede que herdou do passado na SS. Desfruta também de inegáveis vantagens em relação a muitos dos antigos companheiros: suas competências universitárias, sua imensa cultura e sua capacidade de problematizar, expor, escrever, além dos talentos de orador e pedagogo, da inesgotável energia e da capacidade de trabalho imediatamente o identificam como um alto potencial a ser explorado. E por sinal é exatamente o que ele quer, para reconstruir uma posição social digna dele e encontrar ocupação à altura de seus talentos e ambições. O que não passa despercebido a certos altos dirigentes do patronato alemão.

Em 1953, assim, vamos encontrá-lo no cargo de diretor da DVG (Deutsche Volkswirtschaftliche Gesellschaft — Sociedade Alemã de Economia Política), associação e *think tank* industrial que visa, no contexto de alto crescimento, favorecer os métodos de gerenciamento mais eficazes. Para "desenvolver e ensinar as formas de gestão dos recursos humanos mais adequadas a nossa época",[11] a DVG decide fundar uma escola de negócios e administração para quadros superiores do setor econômico. No contexto do Plano Marshall, do atlantismo triunfante, das "missões de produtividade" enviadas ao outro lado do Atlântico, a questão é formar *managers* à americana, *leaders* polivalentes que sejam diferentes dos especialistas, doutores disso ou engenheiros daquilo, tão apreciados na Alemanha desde o reinado de Guilherme II. O modelo, naturalmente, é a Harvard Business School, que deve ser copiada na Alemanha, como foi na França, em 1957, com o Instituto Europeu de Administração de Negócios (INSEAD).

A fundação da escola superior de gerenciamento alemã é concomitante. Em 1956, a DVG inaugura orgulhosamente um campus na encantadora e pitoresca cidade de Bad Harzburg, alojada nos contrafortes da cordilheira de Harz, na Baixa Saxônia. Nesse ano, um ano depois da fundação do exército da RFA, a Bundeswehr, e transcorridos dez anos de ocupação aliada, a Academia de Executivos (Akademie für Führungskräfte) de Bad Harzburg é criada e dirigida por aquele que, onze anos antes, ainda era o "SS-Oberführer Professor Doktor Reinhard Höhn". Até a morte do fundador, em 2000, a instituição recebeu cerca de seiscentos mil quadros superiores vindos das principais empresas alemãs, para não falar dos cem mil matriculados em formação à distância.

É com enorme alegria que Höhn ensina na instituição, assim como outros antigos SS e membros da SD. O doutor em direito Justus Beyer, nascido em 1910 e que trabalhou até 1941 nos planos de conquista e colonização do espaço vital a Leste, tornando-se em seguida membro da chancelaria do partido nazista e sendo promovido, em junho de 1944,

---

11   *Ibid.*, p. 351.

a *Obersturmbannführer*, faz parte do corpo docente da instituição na década de 1970, depois de ter ensinado direito comercial em uma faculdade de engenharia. Outro antigo colega de Höhn torna-se um dos pilares da escola de Bad Harzburg: o professor dr. Franz-Alfred Six, amigo e protetor de Beyer. Nascido em 1909, Franz Six fez rápida e brilhante carreira universitária em uma disciplina ainda jovem, as "ciências do jornalismo" (*Zeitungswissenschaften*), tendo como objeto a imprensa, com métodos tomados de empréstimo às ciências humanas e sociais. Doutor aos 25 anos, com uma tese defendida em Heidelberg sobre a "A propaganda política do nacional--socialismo" (1934), concluindo uma pós-graduação três anos depois, com um estudo sobre "A imprensa das minorias nacionais no *Reich* alemão", nesse mesmo ano ele é nomeado Professor das Universidades em Königsberg, na improvável idade de 28 anos, vindo em seguida a entrar para a Universidade de Berlim, em 1940. Paralelamente, faz uma carreira igualmente rápida no SD e na SS, onde atua como especialista em imprensa a partir de 1935, em seguida sucedendo ao colega e companheiro Höhn como chefe do departamento incumbido da "pesquisa sobre os opositores" (*Gegnerforschung — Amt* II), em 1939, e mais adiante da "Pesquisa Ideológica" (*Weltanschauliche Forschung — Amt* VII), em 1942. Em 1941, ele foi encarregado de comandar um comando da SS e da polícia na Rússia, vinculado ao Einsatzgruppe B do general da SS Arthur Nebe.[12] Essa experiência de campo o transforma em criminoso de guerra e

---

12 Os *Einzatsgruppen*, ou "grupos operacionais", foram esquadrões dos serviços de segurança comandados por Henrich Himmler e Reinhard Heydrich que efetuaram massacres e execuções em massa de milhões de pessoas nos territórios invadidos e

criminoso contra a humanidade, como bem demonstrou seu biógrafo Lutz Hachmeister.[13] Julgado em Nuremberg no "processo dos Einsatzgruppen", ele é condenado em 1948 a vinte anos de prisão, mas é libertado em 1952. O apoio de antigos SS como Werner Best permite-lhe tornar-se um editor importante, que colabora com o semanário de centro-esquerda *Der Spiegel*, e membro do partido liberal FDP, verdadeira lavanderia de antigos nazistas. Em 1957, ele se torna diretor de publicidade da empresa Porsche, e mais adiante consultor independente, em 1963. Paralelamente, o antigo *SS-Brigadeführer* Six ensina marketing na academia de Bad Harzburg. A editora da escola publica, em 1968, seu manual de marketing, que condensa a substância do seu ensino[14] e, em virtude do sucesso, é reeditado em 1971.

Os alunos da *Akademie* já são profissionais em exercício que ocupam postos de comando, enviados pelos empregadores para algumas semanas ou alguns meses de aperfeiçoamento em Bad Harzburg. Escola de formação contínua de alto nível, ela é comparável ao seu equivalente francês, o INSEAD, ou a qualquer faculdade de administração de empresas que confira MBAs a quadros superiores. Os seminários de Reinhard Höhn e seus colegas são frequentados ao mesmo tempo pela elite e a base de sustentação do "milagre econômico alemão": executivos da Aldi, da BMW e da Hoechst, mas também da Bayer, da Telefunken, da Esso,

---

      ocupados pela Alemanha durante a Segunda Guerra Mundial, especialmente na Polônia e na URSS. [N.T.]

13   Lutz Hachmeister, *Der Gegnerforscher. Die Karriere des SS-Führers Franz Alfred Six*. Munique: Beck Verlag, 1998.

14   Franz-Alfred Six, *Marketing in der Investitionsgüterindustrie. Durchleuchtung, Planung, Erschliessung*. Bad Harzburg: Verlag für Wissenschaft, Wirtschaft und Technik, 1971.

da Krupp, da Thyssen e da Opel, sem esquecer Ford, Colgate, Hewlett-Packard e até a rainha alemã do sex-shop e da pornografia, Beate Uhse International, que, como 2.500 outras empresas, envia seus gerentes para ouvirem as boas lições de antigos membros da ss. A Bundeswehr também está entre os clientes da nova escola de administração e negócios, pois, como todo bom crítico do desprezível Estado, Höhn não recusa seus subsídios quando lhe são oferecidos: seus trabalhos de história militar interessam ao comando alemão, e a "delegação de responsabilidade" preconizada por ele corresponde, em espírito, ao etos do novo oficial alemão e à cultura do novo exército, impregnado de *"innere Führung"* ("conduta autônoma") em benefício de seus "cidadãos uniformizados", livres até na caserna. A conversão de Höhn foi bem-sucedida. Conferencista sedutor, professor impressionante para quadros do setor privado mesmerizados por sua retórica, sua cultura e seu humor, Höhn tinha tudo para se impor em um meio econômico e gerencial em que não abundam mentes fora do comum. Já na segunda metade da década de 1950, ele tem novamente uma renda mensal e condições de vida comparáveis às do auge de sua carreira nazista, em 1942-1943. A partir de 1956, ganha dois mil marcos alemães por mês, além dos direitos autorais e outras formas de remuneração, num total equivalendo a cinco mil euros. Para celebrar essa nova prosperidade, compra uma Mercedes verde, como na década de 1940 — verde como seu gosto pela natureza e como seu traje de caçada, esporte que pratica com paixão. Como em 1942, a Mercedes recebe o afetuoso nome de "rãzinha" (*Laubfrosch*), em uma família na qual parece prevalecer um amor cheio de ternura. Höhn, que sempre agrada com seu carisma, apesar de uma certa propensão a falar demais e rápido demais, não desgosta de seduzir aqui e ali, mas permanece um "*Familienmensch*" e um pai amoroso com as duas filhas, nascidas no fim da década de 1930. Ele havia cuidado zelosamente da sua segurança, muito cedo mandando-as para longe de Berlim, para escaparem aos bombardeios. Refugiadas junto à família na Turíngia, elas se regozijam com o sucesso do pai, trabalhador obstinado e, pouco a pouco, gerente-chefe da República Federal Alemã.

6

A ARTE DA GUERRA (ECONÔMICA)

A paixão ou o *hobby* do jurista Reinhard Höhn, incansável polígrafo e grande trabalhador, é a história militar, à qual parece dedicar suas noites e seus fins de semana — intensas ruminações das quais derivam numerosos e grossos volumes. A abundante bibliografia do jurista, gerente e *Hobbyhistoriker* Höhn conta, assim, três obras de história militar. Entre elas, um título parece central, do ponto de vista conceitual e pessoal. Trata-se do estudo que dedica à *Herança de Scharnhorst (Scharnhorsts*

Vermächtnis)¹ e publica em 1952, no momento em que as elites políticas da jovem República Federal da Alemanha, em pleno contexto da Guerra Fria, pensam seriamente na criação de um novo exército alemão, com a bênção das potências ocidentais. Esse movimento de reflexão e reorganização conduz, em 1955, à fundação da Bundeswehr, exército federal decididamente integrado ao Ocidente, assim como aos princípios democráticos e individualistas da nova Alemanha. Com seu ensaio sobre Gerhard von Scharnhorst, ilustre reformador do exército prussiano dos anos negros (1806-1813), Höhn afirma, senão uma candidatura, pelo menos sua presença nos debates e reflexões desse período essencial. Seu livro, propondo a biografia intelectual de um reformador, estabelece uma mal disfarçada analogia entre um período de derrota (a Prússia esmagada por Napoleão em Iena e Auerstedt) e outro (o desmoronamento de 1945). E ainda sugere um terceiro: ao grande Scharnhorst sucedem outros reformadores, mais contemporâneos — e antes de mais nada ele próprio. E, de resto, as reflexões aqui propostas valem tanto para a guerra como para a guerra econômica: a extrema atenção dedicada por Höhn à reforma dos *quadros* do exército também se volta para os quadros desses exércitos modernos que são as empresas. Por fim, chama a atenção, na leitura desse ensaio, a continuidade entre as ideias, os temas e as obsessões das décadas de 1930 e 1940 e os que orientam a obra de história e gerenciamento escrita por Reinhard Höhn da década de 1950 à de 1990: à parte a obsessão da raça, do perigo judeu e da conquista do Grande Espaço vital, não

---

1   Reinhard Höhn, *Scharnhorsts Vermächtnis*. Bonn: Athenäum Verlag, 1952; 2ª edição. Frankfurt: Bernard & Graefe Verlag für Wehrwesen, 1972.

constatamos nenhuma solução de continuidade, nenhuma ruptura em suas intuições fundamentais, em seus postulados e princípios — muito pelo contrário.

O primeiro princípio é a atenção dada à prática, no caso, à história militar. O jurista Höhn já se singularizava na década de 1930 pelo gosto da sociologia — que ensinava como orientador de seminários, vale dizer, de estudos dirigidos — e da história. Há aqui um espelhamento lisonjeiro: como Clausewitz, Scharnhorst era um devoto da história e da prática. Os juristas nazistas, entre eles Höhn, não se cansavam de enfatizar a necessidade de levar em conta o "real", os "casos concretos"; faziam o elogio da "jurisprudência" (*Fallrecht*) e do costume oral, exaltavam as "ordens concretas" e santificavam a intuição pessoal, o "bom senso do povo" frente a qualquer tipo de abstração, codificação e aprendizado livresco. O ensaio sobre Scharnhorst condena vigorosamente o "positivismo militar",[2] assim como o positivismo jurídico foi estigmatizado por Höhn e colegas, que viam nele uma mania judaica.

Abstração é regra. Regra é dogma, e dogma é morte. Sem se desviar do seu curso intelectual dos anos nazistas, Höhn exalta a vida e a experiência concreta, contra a tentação geométrica, matemática, de formular regras aplicáveis a cada caso. Pode-se e deve-se fazer referência a Frederico II da Prússia e seu gênio, sem esquecer jamais que seu gênio está precisamente no fato de que soube a cada momento se adaptar às condições que encontrava: a vida nada mais é que plasticidade, flexibilidade, adaptabilidade. Quem não muda, quem não se adapta, desaparece, como toda espécie que se torna incapaz de sobreviver em dado ambiente.

---

2   *Ibid.*, p. 68 e *passim*.

Em outras palavras, o exército prussiano foi aniquilado em 1806 por ter transformado Frederico II e seus princípios táticos em norma intangível e intemporal da arte da guerra. Mumificou-se o que fora vida, espontaneidade e permanente adaptação — em suma, uma "elasticidade" (mais uma vez esta expressão!) de todo momento: "Revela-se que Frederico, o Grande, não foi o grande general por excelência, mas apenas um grande general. Não foi de modo algum dogmático e infalível, não foi o santo padroeiro da arte da guerra".[3] O mesmo se aplica a Napoleão, que não é o inventor de um "sistema":[4] "A genialidade que admiramos neles reside em algo muito diferente. Sua 'grande inteligência', escreve Scharnhorst, 'não seguia regras, mas encontrava nas próprias circunstâncias as medidas mais favoráveis a cada caso particular'".[5] Frederico II tornou-se "o ídolo dos positivistas militares",[6] embora seja "absurdo querer ver dogmas em recomendações gerais que sempre devem ser adaptadas às situações, como fazia o próprio rei".[7]

Contra a petrificação do pensamento, o que importa é restabelecer o gosto e a energia da inovação: para empreender o "combate contra o positivismo militar",[8] é necessário abrir mão "da tradição",[9] quando não está mais "adaptada aos novos tempos".[10]

---

3   *Ibid.*, p. 75.
4   *Ibid.*
5   *Ibid.*
6   *Ibid.*, p. 76.
7   *Ibid.*
8   *Ibid.*
9   *Ibid.*
10 *Ibid.*, p. 68.

A abstração, associada ao culto descabido das autoridades do passado, leva a catástrofes das proporções da ocorrida em 1806. Os sucessos de Frederico II transformaram sua "tática linear" em verdade irrefutável, ensinada com fervor de fiéis e rigor de geômetras por gerações de generais desde a Guerra dos Sete Anos. O resultado foi que "o exército foi reduzido a uma máquina, cujo funcionamento interno tornou-se objeto de culto, enquanto a arte da guerra tornava-se um sistema de cálculo matemático".[11] Tudo já não passa de "mecanismo", "mecânica" e "matemática"[12], "fórmulas matemáticas e regras mecânicas".[13] O exército é manipulado e manobrado como "uma figura morta", de tal maneira é "esmagador o peso desse sistema positivista".[14]

O que lemos nessas páginas, como nos escritos militares de Höhn em geral, é uma verdadeira peça de acusação implícita contra a arte militar nazista, aquela mesma que, em 1945, levou a uma derrota ainda mais grave que a experimentada em 1806. No fim das contas, o III *Reich* foi excessivamente mecanicista, abstrato e autoritário, contrariando os princípios que juristas, pensadores e administradores esclarecidos como Höhn e seus colegas formulavam em sucessivos artigos: divisões foram deslocadas como peões, ergueram-se linhas ilusórias, jogou-se com massas de homens em tabuleiros de *Kriegspiel*. Métodos idênticos foram aplicados em terrenos diferentes e se esclerosou a dinâmica da *Blitzkrieg*[15]

---

11   *Ibid.*, p. 65.
12   *Ibid.*
13   *Ibid.*, p. 66.
14   *Ibid.*, p. 67.
15   Significando literalmente "guerra-relâmpago", é uma tática militar consagrada pelas forças alemãs na Segunda Guerra Mundial: mobilização de forças móveis em ataques rápidos e

com "ordens de interrupção" que congelaram o movimento e multiplicaram as batalhas de retardamento. Além disso, os *Volksgenossen* não foram suficientemente envolvidos ou motivados, tanto em sua produção econômica como nos deveres militares. Os suboficiais da Wehrmacht foram tão rígidos, autoritários e estúpidos quanto seus antecessores de 1806, que viam no soldado mera engrenagem.

Nos antípodas dessa concepção mecanicista da coisa militar, que postula que uma concatenação sem entraves entre o plano estratégico, a ordem particular e sua execução é a garantia da vitória, os franceses inventaram, durante a Revolução, uma nova arte da guerra, baseada na motivação pessoal e no envolvimento de cada um, assim como numa surpreendente flexibilidade de execução, garantia de agilidade tática e de sucesso.

A partir de 1792, observa Höhn, os franceses não lutam mais por um governo, um ministro ou um rei, mas, muito concretamente, por eles mesmos, pela forma que pretendem dar a sua vida: "No recrutamento em massa", suspira ele, "é de fato o povo (*das Volk*) inteiro que é mobilizado", e cada integrante desse povo combate "por ideais políticos"[16] muito concretos. É no e pelo combate que "o sujeito se torna cidadão".[17] Os combatentes franceses eram movidos pelo "entusiasmo",[18] um "entusiasmo que era vontade fanática de impor a Revolução"[19] — e como a expressão "*fanatischer Wille*" é um dos sintagmas nazistas correntes encontrados

---

      de surpresa, para impedir que o inimigo tivesse tempo de organizar a defesa. [N.T.]
16   *Ibid.*, p. 13.
17   *Ibid.*, p. 16.
18   *Ibid.*, p. 14 *sq*.
19   *Ibid.*, p. 15.

com frequência em Höhn, constatamos que a geologia retórica das profundezas de fato sobreviveu ao desmoronamento de 1945. Como prova, entre tantos outros exemplos, temos esta frase da argumentação: o entusiasmo dos franceses "expressava-se militarmente em uma disposição para o sacrifício pronta para ir até o fim e na mobilização de todos os meios possíveis"[20] — frase que parece saída diretamente de um dos tantos panfletos radicais que os nazistas publicaram em 1945. As forças alemãs não foram capazes de aplicar plenamente esses ideais e virtudes exaltados pelo III *Reich*, pois não foram suficientemente longe na "liberdade germânica", na liberação do indivíduo e de seu potencial de agressão e ação. As energias, em vez de serem liberadas, foram tolhidas e reprimidas: "o soldado era um número. Pela coação, ele foi treinado para combates puramente mecânicos. O vínculo moral, dizia-se, era criado pelo porrete do cabo", pelos castigos corporais. Já os franceses apostavam tudo na "liberação do indivíduo de toda imposição absolutista".[21]

As guerras da Revolução e do Império, entre 1792 e 1815, opuseram "a força de um povo a exércitos regulares"[22] calcificados em suas certezas obsoletas. Do ponto de vista tático, prossegue Höhn, esse confronto pôs frente a frente linhas rígidas, herdadas da Guerra dos Sete Anos, trinta ou quarenta anos antes, e "atiradores" móveis, rápidos e fluidos que espalharam desolação nas fileiras de um exército prussiano cerceado na disciplina pelo treinamento mais estúpido.

---

20   *Ibid.*, p. 16.
21   *Ibid.*, p. 15.
22   *Ibid.*, p. 16

Não é o caso de transformar o atirador em novo alfa e ômega da arte da guerra, mas de entender seu espírito, o que Napoleão soube fazer com o maior acerto e eficácia. O atirador, combatente móvel, dinâmico e livre, é, do ponto de vista tático, adequado aos terrenos mais difíceis, ao passo que a formação em linha de fuzileiros faz sentido num campo de batalha aberto. Não é o caso, portanto, de assumir uma posição dogmática no sentido inverso, mas de superar a oposição entre atirador e linha, aliando as duas coisas: "A elasticidade do método de combate que caracteriza o sistema do atirador deve impregnar todo o exército".[23] Na prática, trata-se de elevar "o sentido profundo" do "sistema de atirador" da tática à estratégia: "A oposição entre linha e atirador desaparece [...] e uma nova unidade se manifesta quando todo o espírito da guerra é guiado pelos princípios do sistema de atiradores".[24] Não se pretende, assim, abolir dogmaticamente as linhas de infantaria, mas torná-las tão móveis, maleáveis e flexíveis quanto esses novos combatentes introduzidos pelos exércitos da Revolução: as linhas serão fixas quando necessário e se moverão se for preciso. Napoleão compreendeu essa "elasticidade", tornando-a uma alavanca do seu sucesso. Pelo seu exemplo, "devem-se conduzir as batalhas seguindo o princípio profundo do combate de atiradores"[25], para "flexibilizar o sistema rígido que prevalecia até então".[26]

Essa rigidez atingia antes de mais nada, e inclusive no sentido físico, o soldado, com o qual Höhn parece preocupar-se bastante, de modo que repisa em seus textos que o

---

23 *Ibid.*, p. 102.
24 *Ibid.*
25 *Ibid.*
26 *Ibid.*, p. 103.

tempo do soldado-máquina passou: "O próprio soldado não pode mais ser considerado uma simples máquina de marchar e atirar [...]. Os castigos físicos até agora tidos como necessários para 'ensinar' tornam-se inúteis",[27] como provam o entusiasmo espontâneo, a motivação e o envolvimento dos voluntários franceses dos exércitos da Revolução. Mas Reinhard Höhn não se detém na autonomia revolucionária do soldado-cidadão: constata que ele luta por si mesmo, por suas ideias e sua liberdade, mas não transpõe esse modelo para o soldado prussiano, pois Scharnhorst tampouco o faz.

O que interessa a Scharnhorst, e o que interessa a Höhn na obra do grande reformador prussiano, não é tanto o soldado da tropa, o combatente da base, mas o corpo de oficiais e suboficiais — em outras palavras, os quadros superiores: "O coroamento do esforço em prol do progresso é, para Scharnhorst, a reeducação sistemática do corpo de oficiais",[28] que devem aprender a "pensar",[29] a *denken*. Certamente seria o caso, aqui, de traduzir essa palavra como "refletir": não se trata tanto, com efeito, de pensar os fins, mas de refletir sobre os meios de alcançar os objetivos estabelecidos pelo comando supremo. "Pensar", na concepção de Scharnhorst e Höhn, não significa, assim, participar da mais alta reflexão, mas estar apto à mais baixa. Não se trata de refletir sobre os objetivos e criticá-los, mas de estar em condições de alcançá-los mediante uma adaptação ideal do combate ao terreno: "Um oficial que pensa considera de maneira crítica os dogmas militares, assim como as novas ideologias militares: ele avalia sua utilidade na aplicação

---

27 *Ibid.*, p. 107.
28 *Ibid.*, p. 105.
29 *Ibid.*, p. 107 e 117 *sq*.

prática"³⁰ e deve "valer-se em campo da própria capacidade de avaliação".³¹ *Denken*, nesse contexto, portanto, significa menos "pensar" (os fins) que "calcular" (os meios).

Contra "a tradicional hostilidade do corpo de oficiais nobres em relação a todo tipo de formação", contra seu gosto da "rotina, herdado de geração em geração pelo treinamento",³² o que interessa é criar uma "academia"³³ da guerra, assim como, em 1956, Höhn cria uma "academia" de formação de quadros para a prática da guerra econômica.

A formação deve ser decididamente prática, e não teórica. Como os próprios Scharnhorst e Napoleão, os jovens quadros devem aprender com a história militar e o estudo de casos,³⁴ evitando-se toda abstração "estranha à guerra".³⁵ Os quadros do exército não devem ser macacos instruídos nem universitários empanturrados de conhecimento. Devem dispor apenas do estrito necessário para poder e saber manobrar e vencer: sua bagagem, mínima, não deve tornar-se impeditiva em virtude dos empecilhos de uma escolástica cultivada como arte pela arte. A matemática, antes tão valorizada, ficou na coluna dos prejuízos, reduzida exclusivamente à aprendizagem de uma geometria indispensável para a leitura de mapas e a concepção de manobras.³⁶

Só mediante esses esforços e essa reforma do entendimento militar será possível dispor de uma "nova geração, sem preconceitos, voltada para a prática, formada na

---

30   *Ibid.*, p. 117.
31   *Ibid.*
32   *Ibid.*, p. 110.
33   *Ibid.*, p. 107.
34   *Ibid.*, p. 136.
35   *Ibid.*, p. 118.
36   *Ibid.*, p. 119.

reflexão pessoal" pela posse "dos conhecimentos elementares da tática".³⁷

Scharnhorst, regozija-se Höhn, viu a concretização dos seus projetos com a abertura de uma "'Academia de Jovens Oficiais' da qual se tornou diretor"³⁸ — exatamente como ele próprio já ambiciona, nesse início da década de 1950, dirigir uma academia de quadros superiores do setor empresarial. Preservados das "teorias estranhas à vida" e à realidade do campo de batalha, formados "na tática e na estratégia aplicadas",³⁹ eles serão capazes, no futuro, de dar mostra de uma "prática do combate elástica",⁴⁰ a exemplo de Napoleão, que soube transformar divisões móveis, rápidas e flexíveis, cada uma dotada do seu estado-maior, em equivalentes de um atirador.⁴¹

O ideal da nova "estratégia elástica",⁴² ou seja, flexível e adaptável, é menos o soldado, portanto, que seu oficial ou suboficial formado numa prática maleável, adaptada ao terreno a cada circunstância. O que tem absoluta primazia é de fato "um olho aguçado, a observação dos momentos essenciais", de "cada caso particular"⁴³ e do terreno: "Desse modo, o oficial e o suboficial são liberados das cadeias impostas por ordens rígidas. Agora, um amplo espaço é atribuído à sua capacidade decisória própria. É com autonomia que ele deve encontrar meios e caminhos que levem ao objetivo

---

37   *Ibid.*, p. 121.
38   *Ibid.*, p. 134.
39   *Ibid.*
40   *Ibid.*, p. 137.
41   *Ibid.*, p. 138.
42   *Ibid.*, p. 139 e 141.
43   *Ibid.*, p. 140.

definido na missão que lhe foi confiada".[44] Tudo está dito aí, da maneira mais explícita e límpida: o oficial de campo, como o quadro, em nada participa da definição do objetivo, pois este é determinado nos limites de uma "tarefa" a ser desempenhada. Não lhe cabe decidir que é necessário tomar tal colina ou alcançar tal ponto, nem repudiar esse objetivo como perfeitamente absurdo. Sua única liberdade é encontrar por si mesmo, de maneira autônoma, a maneira de tomá-la ou de alcançá-lo. Ele é, portanto, livre para obedecer.

*

Essa associação entre um comando autoritário, incontestável e incontestado em suas prerrogativas supremas e a liberdade conferida aos oficiais de campo foi batizada por Scharnhorst e seus colegas reformadores como "tática de missão", em alemão, *Auftragstaktik*. Uma missão é confiada ao oficial ou suboficial, que tem liberdade de levá-la a cabo escolhendo seus próprios meios. Ele tem, assim, toda liberdade de obedecer e ter sucesso. Rigidez centralizadora na definição dos objetivos e da estratégia pelo comando supremo, e flexibilidade na execução em campo: o método deu frutos, a julgar pela impressionante série de vitórias do exército prussiano contra os franceses (1813-1815), os revolucionários alemães (1849), os dinamarqueses (1864), os austríacos (1866) e de novo os franceses (1870-1871). Foi assim que o suboficial prussiano conquistou seus galões de personagem lendário, ao mesmo tempo carregando nos ombros o peso do possível fracasso e transferindo toda a pressão para os subordinados, simples soldados de formação

---

44 *Ibid.*, p. 141.

em linha. Prestigiado pelo mérito das vitórias, o suboficial ou oficial prussiano tornou-se, na prática militar e no imaginário coletivo, a própria encarnação do tirano de testa curta, do chefe detalhista e cheio de si, do assediador sem alma. Sua violência estridente, sua brutalidade sobre botas com pregos transformou-se num lugar-comum da cultura popular, na literatura e, mais tarde, no cinema. Seria essa violência um apanágio natural, um componente necessário do seu etos de sargento-instrutor vociferante ou apenas a expressão possível de um medo pavoroso — o medo de fracassar, quando era livre para obedecer, mas estava condenado a ganhar? Nos ombros do oficial de campo e do suboficial de base cai, compacta e áspera, a cascata da responsabilidade e do desprezo, vinda lá do alto, do olimpo em que cadetes e diplomados da escola superior de guerra conferenciam e confabulam em estados-maiores que definem, com toda liberdade, os objetivos supremos de cada circunstância. Lá embaixo, onde ninguém tem dragonas nem insígnias brilhantes — nem prestígio, nem vantagens funcionais —, fica apenas a consciência esmagadora da própria responsabilidade. Esse sistema de comando — de gerenciamento militar — teorizado por Scharnhorst e os reformadores, e exaltado por Höhn, revelou-se assim de uma eficácia e de uma perversidade notáveis. Ele foi de fato eficaz pelo menos até a Primeira Guerra Mundial. Perverso, sem dúvida alguma: a ordem essencialmente contraditória que pesava sobre a tropa em campo era ser livre sem sê-lo de modo algum. O corolário disso, para o oficial e o suboficial de campo, era uma responsabilidade total, absoluta, embora ele não tivesse decidido nada.

7

O MÉTODO DE BAD HARZBURG: LIBERDADE DE OBEDECER, OBRIGAÇÃO DE TER ÊXITO

Como vimos, Reinhard Höhn, embora seja jurista, ama a história e quer manter-se atento ao "real", ao "concreto". Admira nos reformadores prussianos do período 1806-1813 (como Scharnhorst, Gneisenau e Clausewitz) a capacidade de adaptação, a flexibilidade que lhes permitiu afinar-se pelo diapasão dos novos tempos, da nova era inaugurada pela Revolução Francesa. A era das massas e do indivíduo e a entrada em cena da "nação", contra as monarquias tradicionais, não escaparam à percepção dessas mentes sagazes.

Em 1945, uma derrota muito mais severa e traumatizante que a de 1806 impõe uma nova reforma. Mas "reforma" não quer dizer destruição e abandono do passado em sua totalidade — pelo contrário. Scharnhorst e consortes continuaram sendo oficiais prussianos à antiga depois de 1806, impregnados do sentimento de "dever" e fidelidade ao rei. Da mesma forma, Reinhard Höhn não renega todo o seu passado nazista. Se deixa para trás o racismo rábico dos anos 1930, o antissemitismo e a busca do espaço vital, nem por isso abre mão de certas intuições fundamentais que desenvolvera em seus textos — livros e artigos — em sintonia com os colegas. Para ele, o III *Reich* sem dúvida fracassou por não ter sido suficientemente nazista, por não ter acionado e praticado o bastante a "liberdade germânica", a flexibilidade, a maleabilidade e a "elasticidade" de seus agentes e agências.

Depois de 1945, e mais ainda a partir da fundação da RFA em 1949, o momento é justamente de liberdade, liberdade das massas e do indivíduo. Uma Constituição federal e democrática criou um novo Estado que se pretende posto avançado da democracia frente ao bloco do Leste. A RFA é a proa do "mundo livre" contra o eterno inimigo comunista, que já era combatido pelo *Reich*. Como dezenas de milhares de representantes das antigas "elites de Hitler"[1] — professores universitários, jornalistas, diretores de empresa, juristas, médicos, policiais, militares... —, Reinhard Höhn põe-se conscienciosamente a serviço dos ideais do momento: o crescimento do "milagre econômico" e o triunfo da liberdade ocidental.

---

1   Norbert Frei (dir.), *Karrieren im Zwielicht. Hitlers Eliten nach 1945*. Frankfurt-Nova York: Campus Verlag, 2002.

O MÉTODO DE BAD HARZBURG:
LIBERDADE DE OBEDECER, OBRIGAÇÃO DE TER ÊXITO

De maneira perfeitamente oportuna, as concepções de comando e gerenciamento desenvolvidas por Höhn e colegas a partir da década de 1930 se revelavam incrivelmente congruentes com o espírito dos novos tempos.

As lições da história impunham-se depois de 1945 com mais firmeza ainda: não se dirigiria mais como antes. O que valia tanto para o exército como para as empresas, e mesmo a administração, pela qual Höhn, insaciável, também se interessa.

Nas forças armadas que nasceriam em 1955, as Bundeswehr, impunha-se o ideal do "cidadão uniformizado". Contra a "obediência cadavérica" preconizada pelo chefe da SS, Heinrich Himmler, decididamente infiel aos preceitos da liberdade germânica; contra a disciplina mecânica de uma Wehrmacht que esquecera as lições de Scharnhorst; era preciso instituir a obediência refletida capaz de desembocar, teoricamente, na recusa de obedecer ordens ilegítimas.

Na empresa, estava fora de questão ir tão longe. A grande força de Reinhard Höhn foi propor um modelo de gerenciamento que parecia a expressão idônea da nova cultura democrática: o "gerenciamento por delegação de responsabilidade".

Esse método de gerenciamento, conhecido como "método de Bad Harzburg", foi o orgulho da RFA durante décadas. Frente às prestigiosas referências representadas pelo francês Henri Fayol e pelo americano Peter Drucker, as reflexões do professor Höhn eram a única alternativa alemã ou germânica — até que a Suíça de língua alemã, com o método de Sankt Gallen, viesse contestá-las no início da década de 1970. Teoria unanimemente aprovada na Alemanha e no mundo de língua alemã, o método de Bad Harzburg, por seu espírito, sua difusão e sua apropriação, permite retraçar toda uma "história alemã do trabalho depois de 1945",[2] na qual os fatores de continuidade em relação ao período nazista se fazem claramente presentes.

Höhn expôs seus princípios na impressionante série de trabalhos que, incansável pedagogo e grafomaníaco, publica, altera e reedita entre 1956 e 1995: contamos mais de quarenta nesse período, de um total de cinquenta obras publicadas ao longo da vida, mas sem a certeza de termos sido exaustivos... Essa literatura gerencial revela-se tão descritiva e normativa quanto pobre de ideias. A ruptura de estilo e tom em relação às publicações anteriores à guerra é clara: se antes de 1945, Höhn ainda podia ter o prazer de enriquecer suas análises de direito com contextualizações históricas e culturais, os manuais posteriores a 1956 são desesperadamente áridos, com numerosos esquemas e estudos de caso. No fundo, Höhn dá aulas por escrito, e inversamente. Porém, são aulas destinadas a adeptos da prática, quadros profissionais com pressa de reassumir a direção de suas unidades e pouco inclinados a assistir a preleções sobre a história da administração na era absolutista. Pedagogo empenhado em clareza, Höhn atende sem pestanejar a essa demanda do pronto-para-consumo. Além disso, os grossos manuais são resumidos em compêndios, livrinhos que expõem o essencial e, editados pela gráfica da *Akademie*, são vendidos às centenas de milhares de exemplares em reedições sucessivas, como o *best-seller* intitulado *O pão cotidiano do*

---

2   Nikolas Lelle, "'Firm im Führen'. Das 'Harzburger Modell' und eine (Nachkriegs-)Geschichte deutscher Arbeit", em Werner Konitzer e David Palme (dir.), *"Arbeit", "Volk", "Gemeinschaft". Ethik und Ethiken im Nationalsozialismus*. Frankfurt-Nova York: Campus Verlag, 2016.

gerenciamento.³ Nada que pertença à esfera gerencial escapa à sua pena: nem *A secretária e seu chefe*,⁴ nem *A direção da sociedade anônima*⁵ (reeditado em 1995), além de uma quantidade de outros manuais e estudos de caso sobre conselhos de administração ou o gerenciamento em épocas de crise econômica — esse último oportunamente publicado em 1974.⁶ O desenvolvimento pessoal também desperta seu interesse, como evidencia a publicação *Técnica do trabalho mental: dominar a rotina, aumentar a criatividade*,⁷ reeditada em 1985, pois o gerente também é gerente de si mesmo. Desse modo, o *coaching* tem seu devido lugar na *Akademie der Führungskräfte*, pois a *Menschenführung* pressupõe uma boa *Lebensführung*. É para "administrar a própria vida" (equivalente monstruoso, mas adequado, de *"Leben führen"*) e viver melhor o "estresse" e sua carga de trabalho, portanto, que se é convidado a frequentar os seminários do professor dr. Karl Kötschau. Este médico propõe módulos de dietética, repouso, manutenção da forma e esporte. Membro do NSDAP e da SA, o professor Kötschau abordara em sua aula inaugural em Iena, onde havia criado a cadeira de

---

3   Reinhard Höhn, *Das tägliche Brot des Managements. Orientierungshilfen zur erfolgreichen Führung*. Bad Harzburg: Verlag für Wissenschaft, Wirtschaft und Technik, 1978.
4   Reinhard Höhn, *Die Sekretärin und der Chef. Die Sekretärin in der Führungsordnung eines modernen Unternehmens*. Bad Harzburg: Verlag für Wissenschaft, Wirtschaft und Technik, 1965.
5   Reinhard Höhn, *Die Geschäftsleitung der GmbH. Organisation, Führung und Verantwortung*. Colônia: Schmidt, 1987.
6   Reinhard Höhn, *Das Unternehmen in der Krise. Krisenmanagement und Krisenstab*. Bad Harzburg: Verlag für Wissenschaft, Wirtschaft und Technik, 1974.
7   Reinhard Höhn, *Die Technik der geistigen Arbeit. Bewältigung der Routine, Steigerung der Kreativität*. Bad Harzburg: Verlag für Wissenschaft, Wirtschaft und Technik, 1979.

"biologia médica", a "ideia nacional-socialista na medicina biológica". Partidário da "revolução nazista da medicina", Kötschau era um eugenista radical, firmemente contrário à previdência social e profeta do homem alemão regenerado pela nova medicina, emancipada de todo humanismo piegas e ultrapassado: "O herói nacional-socialista é o homem que desfruta de seu pleno valor biológico e racial", escrevia esse médico adepto da homeopatia, que deu continuidade depois de 1945 a seu combate contra a *Fürsorge* (assistência social) em nome da *Vorsorge* (prevenção, profilaxia). Diretor de um sanatório em Bad Harzburg, ele reforçava seus já confortáveis emolumentos falando de cenouras raladas e naturopatia para quadros empresariais em busca da boa higiene de vida.

Em seus numerosos textos, Höhn apresenta seu gerenciamento moderno como expressão da época. Ficaram para trás os tempos do absolutismo e da ditadura. Na era das massas democráticas, cada um quer ser considerado pelo que é, não como "subordinado", mas como "colaborador", "uma pessoa que pensa e age com autonomia":[8] "As pessoas devem ser dirigidas de maneiras diferentes [...]. As transformações do nosso ambiente econômico, técnico e sociológico dão origem a um novo estilo de direção".[9]

Trabalhar com "colaboradores" atende a uma das mais profundas preocupações de Höhn: a luta de classes deve ser eliminada da sociedade econômica e da sociedade política. A nova relação hierárquica afasta o risco de um confronto entre dominantes e dominados, entre patrões e empregados. Em 1942, Höhn saudava os grandes méritos da comunidade nazista nos seguintes termos: "Em lugar da relação entre o

---

8 Reinhard Höhn, *Das tägliche Brot des Managements*, op. cit., p. 47.
9 *Ibid.*

O MÉTODO DE BAD HARZBURG:
LIBERDADE DE OBEDECER, OBRIGAÇÃO DE TER ÊXITO

Estado e o sujeito [...] surgiu a comunidade do povo", que repousa nas "leis fundamentais da vida, da raça e do solo" e implica "a integração do trabalhador na comunidade de produção e de desempenho [*Leistungsgemeinschaft*] de todo o povo".[10] Como o grande propósito da comunidade nazista foi varrido pela derrota de 1945, continua sendo possível cultivar a harmonia comunitária entre "direção" (*Führung*) e "pessoal" (*Gefolgschaft*)[11] no interior dessa "comunidade de produção e de desempenho" que é a empresa. Relações sociais pacíficas permitirão uma produção otimizada, além do fortalecimento da sociedade alemã ocidental frente ao grande inimigo ideológico, econômico e geoestratégico — o bloco do Leste e seu sistema econômico concorrente, o "socialismo", a começar pelo "socialismo real" da República Democrática Alemã (RDA).

O que a *Betriebsgemeinschaft* — a comunidade de operários e chefes na empresa — fora no III *Reich* era perpetuado pela empresa de Höhn — a comunidade dos *managers* e seus colaboradores livres — no universo democrático da RFA e sua "economia social de mercado" ordoliberal[12] e participativa, na qual uma lei votada pelos democratas cristãos e os social-cristãos em 1951 pressupunha a disseminação

---

10   Reinhard Höhn, *Reich, Grossraum, Grossmacht*. Darmstadt: Wittich, 1942, p. 85.
11   *Ibid*.
12   Termo derivado do nome da revista acadêmica de economia e temas sociais *ORDO*, fundada na Alemanha em 1948. O chamado ordoliberalismo preconiza que o Estado assegure um nível saudável de concorrência na economia, mediante medidas coerentes com os princípios do livre mercado. Seus ideais, cultivados em meios liberais a partir dos anos 1930, inspiraram a economia social de mercado e o "milagre econômico" alemão ocidental do pós-guerra. [N.T.]

da cogestão e da codecisão (*Mitbestimmung*). Na escala da economia como um todo, a cogestão deve evitar toda e qualquer oposição entre patrões e operários, prevenir a luta de classes e sufocar no nascedouro qualquer pretensão de contestação. Na escala da empresa, a autonomia do colaborador livre e feliz deve impedir divisões na sociedade (ricos/pobres, direita/esquerda, operário/patrão etc.) e garantir a unidade de vontade, afeto e ação da comunidade produtiva.

O passado da Alemanha, obsessão de todos os nacionalistas e, entre eles, dos nazistas, fora sempre de divisão entre tribos (*Stämme*); depois entre Estados, em virtude da pulverização política (*Kleinstaaterei*) provocada pelos tratados da Vestfália (1648); e por fim entre classes sociais, em decorrência da modernização industrial alemã e sobretudo dos ensinamentos dos falsos profetas marxistas. Os dirigentes nazistas haviam tentado a todo custo acabar com essa fatalidade e exorcizar a divisão: devia prevalecer a unidade política (um só partido a partir de 1933, um único poder político central, com a abolição dos *Länder* em 1934), assim como a unidade cultural e social, já que havia unidade racial.

Eliminar o risco de divisão continuava sendo a obsessão dos altos dirigentes da RFA, que, mais que a recusa da divisão política entre RFA e RDA (essa só seria oficialmente reconhecida em 1973), queriam absolutamente impedir a divisão social. Em uma economia "social" de mercado na qual prevalecia a cogestão baseada no diálogo quase paritário entre "parceiros sociais", o gerenciamento imaginado por Höhn contribuía com uma pedra decisiva para o edifício: a pedra angular, no alicerce, no nível da própria empresa.

Graças a Ludwig Erhard, o ministro que articulava a harmonia e a colaboração das classes no nível nacional, e a Reinhard Höhn, que as desenhava na esfera da empresa, o presente da Alemanha era de liberdade formal, eficiência produtiva e alto crescimento. Seu futuro, previamente traçado, seria o futuro de um modelo, um farol do mundo livre frente à RDA e ao mundo soviético vizinho, perante o qual ela poderia fazer o papel de produto dotado de atratividade econômica e política e mesmo, chegado o momento, de cabeça de ponte estratégica.

Mas encarar os "subordinados" como "colaboradores" e, mais que isso, seres dotados de reflexão e autonomia certamente não era assim tão natural no universo econômico alemão, onde se cultivava um senso caricatural de hierarquia, inspirado pelo que podia haver de mais rígido no exército — não obstante Scharnhorst. O escritor Heinrich Mann, irmão de Thomas, deu um bom exemplo em *O súdito (Der Untertan)*, famoso romance satírico de 1913 que narra a vida medíocre, sem convicções e autoritária de um doutor em química, oficial da reserva, súdito fiel do imperador Guilherme II e adepto de métodos militaristas como chefe de empresa. Nesse mundo, tornado ainda mais rigoroso pela economia de guerra entre 1936 e 1945, prevalecia a velha máxima militar que recomendava deixar a reflexão para os cavalos, pois têm cabeças maiores. Höhn surgia como pioneiro e visionário, senão como revolucionário. Mas a conversão do antigo SS aos princípios do individualismo e da autonomia era apenas aparente: entre o que Höhn preconiza e escreve no período 1933-1945 e o que ensina a partir de 1956 não há qualquer solução de continuidade, mas sim uma impressionante persistência de ideias.

Durante os doze anos da dominação nazista na Alemanha, um regime hostil à liberdade apresentava-se, pela voz de seus juristas e teóricos, como a realização da liberdade "germânica". Depois de 1945, um de seus intelectuais tornou-se pensador de um gerenciamento não autoritário — aparente paradoxo para um antigo membro da SS, mas apenas aparente, tratando-se de alguém que pretendia romper com o Estado absolutista, e mesmo com o Estado pura e simplesmente, e promover o advento da liberdade de iniciativa do agente e das agências.

Essa liberdade, contudo, era uma exigência contraditória: no gerenciamento imaginado por Höhn, o indivíduo é livre para obedecer, livre para realizar os objetivos impostos pela *Führung*. A única liberdade estava na escolha dos meios, nunca na dos fins. E, com efeito, Höhn nada tem de libertário ou anarquista: os milhares de empresas (2.440 de 1956 a 1969) que lhe enviam seus quadros têm plena consciência disso.

O funcionamento da organização se pretende não autoritário, mas permanece plenamente hierárquico, pois a relação fundamental ainda é a que existe entre o chefe e o executante. O chefe, indo de encontro às práticas em vigor até então, não ordena a ação nos mais precisos detalhes de sua execução. Limita-se a fornecer "diretrizes", em termos de "objetivos". Seu papel é determinar (um resultado, por exemplo) e em seguida observar, controlar e avaliar:

> Os superiores não tomam nenhuma decisão no campo de seus colaboradores. Restringem-se a seus deveres de gerenciamento, que consistem essencialmente em estabelecer objetivos, fornecer informações, coordenar e controlar [...]. A hierarquia que repousava no fato de dar ordens torna-se uma hierarquia da responsabilidade. [...] A delegação de responsabilidade, assim, não significa uma

dissolução da hierarquia, mas uma mutação em sua função e sua significação.[13]

O executante, por sua vez, foi recrutado com base em uma "descrição de função" (*Stellenbeschreibung*) valorizada por Höhn, e que especifica os deveres, a missão e as competências do empregado. Estabelece-se assim, entre o chefe e o executante, uma "relação de colaboração" (*Mitarbeiterverhältnis*) que ganha o nome de "delegação de responsabilidade" (*Delegation von Verantwortung*).

Segundo o próprio Reinhard Höhn, seu método só tem méritos: entendimento, subsidiaridade, liberdade:

> As decisões não são mais tomadas por um só homem ou um grupo de homens à frente da empresa, e sim, em cada caso, pelos colaboradores no nível que os caracteriza. Os colaboradores não são mais dirigidos por ordens precisas dadas por seu superior. Pelo contrário, dispõem de um campo de ação bem definido, no qual têm liberdade de agir e decidir com autonomia, graças às competências precisas que lhes são reservadas.[14]

Como sempre, todavia, cabe ao chefe a responsabilidade de comandar e, já agora, controlar e avaliar. O executante tem a responsabilidade de agir e alcançar êxito, responsabilidade ainda maior por ter liberdade de escolher os caminhos e meios mais adequados à execução de sua missão. A contrapartida,

---

13 Reinhard Höhn, *Verwaltung heute. Autoritäre Führung oder modernes Management?*, op. cit., Vorwort [Prefácio], p. VIII.
14 Reinhard Höhn, *Das Harzburger Modell in der Praxis*. Bad Harzburg: Verlag für Wissenschaft, Wirtschaft und Technik, 1970, p. 6.

em termos de responsabilidade, é claramente decretada por Höhn, que escreve, como num suspiro de alívio:

> A responsabilidade, portanto, não está mais concentrada única e exclusivamente na direção. Uma parte dessa responsabilidade, com efeito, é transferida [...] para o nível que se incumbiu da ação.[15]

Aos paradoxos, assim, vêm somar-se contradições. Primeiro paradoxo aparente: um antigo membro da SS concebe um modelo de gerenciamento não autoritário. Segundo paradoxo: a ordem contraditória da liberdade de obedecer. Esse acúmulo de contradições parece constitutivo de uma perversão bem real, no sentido mais clássico do termo: o método de Bad Harzburg, assim como os métodos de gestão por objetivos que lhe são aparentados, repousa numa mentira fundamental, desviando o empregado ou subordinado de uma liberdade prometida para uma alienação certa, para maior conforto da *Führung*, dessa "direção" que já não carrega sozinha a responsabilidade pelo fracasso em potencial ou concretizado.

A consequência dessas contradições e dessa perversão nada tem de teórica: nunca pensar nos fins, estar confinado exclusivamente ao cálculo dos meios é algo constitutivo de uma alienação no trabalho cujos sintomas psicossociais são conhecidos: ansiedade, esgotamento, "*burnout*", além dessa forma de desistência interna que agora é chamada de "*bore out*", uma "desistência interna" à qual Reinhard Höhn, atento a tudo ainda aos 79 anos, dedicou dois trabalhos pioneiros em 1983.[16]

---

15   *Ibid.*
16   Reinhard Höhn e Gisela Böhme, *Die Sekretärin und die innere Kündigung im Unternehmen. Ihr Verhalten im Spannungsfeld zwischen Chef und Mitarbeitern*. Bad Harzburg: Verlag für Wissenschaft, Wirtschaft

O MÉTODO DE BAD HARZBURG:
LIBERDADE DE OBEDECER, OBRIGAÇÃO DE TER ÊXITO

*

Apesar desses riscos e imprevistos, a receita do dr. Höhn parece ser a panaceia e a resposta universal aos problemas de organização enfrentados em toda parte, no setor privado e no público. Em 1969, a Academia dos *managers* passa a promover "seminários especiais" (*Sonderseminare*) para quadros da administração (Estado, *Länder*, municípios) empenhados em se capacitar nos "métodos modernos de gerenciamento".[17] Para acompanhá-los, a editora da escola cria uma coleção específica dedicada à gestão administrativa, enquanto Reinhard Höhn publica, em 1970, um volume de 448 páginas sobre o tema. Provavelmente cansado de publicar e reeditar manuais e guias práticos cheios de gráficos e divididos em tópicos, Höhn veste neste caso a toga do *Universitätsprofessor* e do jurista de direito público que nunca deixou de ser, dando-se ao luxo de ressituar a questão do gerenciamento público no longo prazo de uma história da administração e dos poderes. A seus olhos, ocorre na administração o que ocorria no exército e na economia em outras épocas: "O estilo de gestão da administração", escreve, obstinado, "deriva diretamente do mundo do absolutismo que fundou o Estado moderno".[18] Assim, é preciso "reformar a administração" para que "se adapte, em sua gestão e sua organização, às exigências da sociedade industrial e a uma economia moderna que deve ser capaz de encarar

---

und Technik, 1983, e Reinhard Höhn, *Die innere Kündigung im Unternehmen. Ursachen, Folgen, Gegenmassnahmen*. Bad Harzburg: Verlag für Wissenschaft, Wirtschaft und Technik, 1983.
17 Reinhard Höhn, *Verwaltung heute, op. cit.*, p. VII.
18 *Ibid.*, p. VII.

a administração como uma parceira que aplica os mesmos princípios".[19]

Houve o tempo em que as empresas novas se inspiravam na estrutura da administração pública para constituir seus organogramas. Mas esse tempo ficou para trás, e a relação entre o modelo e seu discípulo inverteu-se: "A administração não é [...] mais um modelo para a economia";[20] pelo contrário, deve "passar por uma transformação na qual foi antecedida pela economia".[21] Nenhum obstáculo impede que "os métodos modernos de gerenciamento sejam transpostos para a administração",[22] o que é, inclusive, uma necessidade — necessidade econômica acompanhada e reforçada pela lógica do momento, a lógica da Constituição democrática e parlamentar que rege a RFA. Seria o caso de esperar uma iniciativa parlamentar, uma lei de reforma? Seria o caso de "esperar ou começar"?[23] Reinhard Höhn preconiza ação e fato consumado. Como bom discípulo — ainda que renegado — de Carl Schmitt, Höhn propõe um ato de autoridade para acabar com a relação de autoridade, assim como Schmitt queria a exceção para restabelecer a normalidade:

> Nenhum diretor administrativo precisa esperar uma lei vinda do alto. Pelo contrário, pode fazer por si mesmo o que considera necessário [...]. Pode decidir que esses novos princípios de gestão tornaram-se obrigatórios para todos

---

19   *Ibid.*, p. x.
20   *Ibid.*
21   *Ibid.*, p. xi.
22   *Ibid.*
23   *Ibid.*, p. 406.

os membros do seu departamento. Seria este o último ato de autoridade, pondo fim ao gerenciamento autoritário.[24]

Que esses chefes cheios de iniciativa e coragem fiquem tranquilos: eles não são "marginais, mas podem ser convencidos de que seus atos correspondem às tendências (*Trend*) de seu tempo e de que agem de acordo com o espírito de progresso".[25]

O progresso, portanto, é a crescente indiferenciação entre administração e empresa, setor público e setor privado. Os mesmos princípios de organização e os mesmos critérios de avaliação devem ser aplicados às duas esferas. Com alguns anos de antecipação às práticas britânicas, americanas e escandinavas, Höhn, que já pensava na década de 1930 o definhamento do Estado e o desenvolvimento das agências, faz-se precursor, senão profeta, da Nova Gestão Pública (*New Public Management*), que se tornou uma quase-religião de Estado nos países ocidentais, a começar pela Alemanha do chanceler Kohl, já no início da década de 1980.

A administração pública, assim, é moldada segundo os princípios da economia privada. O mesmo no caso do exército: a hierarquia da *Bundeswehr* há muito aprecia os trabalhos de Reinhard Höhn, de comprovada influência nas concepções modernas de comando. O antigo SS e adepto do Grande *Reich* revela-se um *spiritus rector* do "cidadão uniformizado" da Alemanha democrática. E de resto, oficiais e suboficiais são enviados a Bad Harzburg para colher a palavra e os princípios na própria fonte.

---

24   *Ibid.*, p. 408.
25   *Ibid.*, p. 411.

8

O CREPÚSCULO DE UM DEUS

A revelação do passado de Reinhard Höhn e as pesquisas aprofundadas sobre esse fato causam um escândalo e assinalam o início de gravíssimas dificuldades para ele e sua academia.

O golpe vem da esquerda, no caso, do *Vorwärts*, o diário histórico da social-democracia. E, no entanto, o SPD já não podia ser considerado imaculado: um de seus heróis, o "superministro" da economia Karl Schiller, igualmente doutor e professor, tinha comprovado passado nazista de membro do NSDAP e da SA — e depois deixaria o SPD para se inscrever no FDP liberal, acabando na extrema direita. No dia 9 de dezembro de 1971, o passado do professor Schiller ainda é pudicamente encoberto, e é para o passado do professor Höhn que o *Vorwärts* volta sua atenção, com um artigo intitulado "A forja das elites. Onde os chefes aprendem a comandar. No quartel-general de Bad Harzburg, o ex-general Höhn professa contra a democracia". Sem contemplação, o autor se estende num autêntico ato de acusação contra a escola e seu fundador, recorrendo a informações conhecidas desde a década de 1950, públicas, publicadas e reunidas em 1965 num trabalho intitulado *Livro pardo. Os criminosos de guerra e os criminosos nazistas que ocupam postos na* RFA. *Estado, economia, exército, administração pública, justiça, ciências*,[1] editado em Berlim Oriental pela RDA. Duas páginas implacáveis são dedicadas a Höhn, apresentado como "oficial SS e jurista da coroa para Himmler". Em 1966-1967, uma série de 21 artigos sobre a SS publicados em *Der Spiegel* cita Höhn sete vezes. Nesse mesmo ano de 1966, o professor-gestor é interpelado por membros de uma missão especial do ministério público de Ludwigsburg, incumbidos da busca e acusação de criminosos de guerra nazistas. Höhn é acusado de ter participado, como chefe de departamento (*Amtschef*) do SD, de uma reunião realizada em Berlim a 11 setembro de 1939, na qual se tratou do assassinato de sessenta mil membros das elites polonesas. Höhn defendeu-se energicamente. Por falta de provas, a missão especial teve de abrir mão de qualquer iniciativa judicial, depois de algumas audiências.

O artigo de 1971 tem enorme repercussão: a coalizão social-liberal, liderada pelo SPD e pelo chanceler Willy

---

1 *Braunbuch. Kriegs- und Naziverbrecher in der Bundesrepublik. Staat, Wirtschaft, Armee, Verwaltung, Justiz, Wissenschaft*. Berlim: Nationalrat der nationalen Front des Demokratischen Deutschland und Dokumentationszentrum der Staatlichen Archivverwaltung der DDR, 1965.

Brandt, antigo resistente contra o nazismo, pôs fim em 1969 à Grande Coalizão dirigida pelo ex-nazista Kurt-Georg Kiesinger, que fora esbofeteado em pleno congresso da CDU por Beate Klarsfeld.[2] É um momento de acerto de contas com muitos antigos nazistas, sob a pressão de uma juventude estudantil que marginalmente se engaja na ação direta contra o "fascismo" dos pais e da República — e, por sinal, a chamada Fração do Exército Vermelho assassinaria em 1977 um ex-aluno de Reinhard Höhn, Hans-Martin Schleyer. Uma carta aberta é dirigida por escritores famosos, entre eles Siegfried Lenz, Erich Kästner e Günther Wallraf, ao ministro da Defesa, Helmut Schmidt. Meses depois, em março de 1972, o ministro decide: chega ao fim a cooperação da Bundeswehr com a *Akademie* de Bad Harzburg.[3]

Aos aborrecimentos pessoais do professor Höhn, alcançado pelo passado na SS, somam-se as contestações teóricas e práticas do modelo de Bad Harzburg, cada vez mais considerado, nas décadas de 1970 e 1980, pesado e pouco manuseável, por ser excessivamente preciso e burocrático. E, de fato, os diversos trabalhos de Reinhard Höhn não se limitam a expor o princípio do gerenciamento por delegação de responsabilidade e a louvar os méritos da *Auftragstaktik* aplicada à produção econômica. Também especificam,

---

2 Os principais partidos políticos na Alemanha Ocidental nesse período são o Partido Social-Democrata (SPD, na sigla alemã), a União Democrata Cristã (CDU) e o Partido Democrático Liberal (FDP). Nascida em 1939 em Berlim, Beate Klarsfeld é uma jornalista e "caçadora de nazistas" que, trabalhando com o marido, Serge, ficou conhecida pela investigação e documentação de numerosos criminosos de guerra. [N.T.]

3 Michael Wildt, "Der Fall Reinhard Höhn. Vom Reichssicherheitshauptamt zur Harzburger Akademie", em Alexander Gallus e Axel Schildt (dir.), *Rückblickend in die Zukunft*, op. cit., pp. 267-268.

mediante uma infinidade de estudos de caso, como ele deve ser posto em prática. Os quadros que se formam em sua escola devem entender e assimilar 315 regras de aplicação do método, a começar pela redação detalhada de descrições de função dos empregados, além das diferentes normas que regem as relações e a comunicação entre empregados e chefes, por sua vez organizados em estados-maiores.

Em 1972, o semanário *Die Zeit* publica um longo artigo sobre os novos métodos de gerenciamento que ameaçam, com sua concorrência, o modelo da "delegação de responsabilidade".[4] Eles têm origem na Suíça, mas também, e sobretudo, nos Estados Unidos.

Na década de 1980, é claro o refluxo do método de Bad Harzburg nas universidades e nos diferentes institutos de formação, em proveito do "gerenciamento por objetivos" de origem americana, concebido por Peter Drucker na década de 1950, no exato momento em que Höhn elaborava seu método. O gerenciamento por objetivos surge como uma versão suavizada das intuições de Höhn, mais flexível e, em suma, mais liberal: o professor e antigo alto funcionário da SS não conseguira livrar-se completamente de um etos administrativo prussiano, feito de controle (como o gerenciamento por objetivos) e cheio de fichas, papéis, regras e carimbos dos mais variados tipos.

Em 1979, o *Managermagazin* alemão enterra Höhn e seu modelo sem flores nem coroas: seguir os seus preceitos significa estar ainda na "idade da pedra". Já em 1974, quando ele completava 70 anos, essa publicação mensal lhe traçara um perfil extremamente crítico, com uma entrevista que

---

4   Rosemarie Fiedler-Winter, "Management nach Schweizer Art", *Die Zeit*, 28 de julho de 1972.

não poupava o aniversariante de perguntas sobre os problemas e mesmo os impasses do seu método, ao mesmo tempo elogiando suas qualidades de professor: as fragilidades do modelo de gerenciamento são amplamente compensadas pelo espetáculo didático oferecido nos cursos do seu criador. Mas resta o fato de que o "gerenciamento por delegação" de fato é "o mais alemão de todos os modelos de gerenciamento: sério e burocrático". Em 1983, a mesma publicação de referência no mundo dos negócios volta a pisar na tecla: o antigo SS, agora com 79 anos, é "um modelo de colecionador" (*Oldtimer*).[5]

Em 1989, a Academia de Bad Harzburg, que sofreu muito com a reputação do seu dirigente, está à beira da falência. Suas atividades são repartidas: a empresa Cognos, do *manager* Daniel Pinnow, ex-aluno de Höhn, retoma os seminários com a marca "Die Akademie", enquanto a formação à distância passa a ser feita pela Wirtschaftsakademie Bad Harzburg. A "Akademie" conta agora com dez mil alunos por ano, contra 35 mil nas épocas de maior fausto de Reinhard Höhn. O antigo jurista nazista e general da SS ainda é muito festejado, pela escola e por seu site na internet, como um grande pensador da gestão e o insuperável criador dessa instituição.

Na década de 1990, Höhn não ensina mais, limitando-se a cuidar da reedição de algumas de suas obras. Sua última publicação data de 1995, quando está com 91 anos. Ele morre em 2000, pouco antes de chegar à idade bíblica de 96 anos. Os obituários dos grandes jornais alemães festejam o *manager* de gênio, o professor de talento e o incansável cientista.

---

5   Michael Wildt, "Der Fall Reinhard Höhn. Vom Reichssicherheitshauptamt zur Harzburger Akademie", em Alexander Gallus e Axel Schildt (dir.), *Rückblickend in die Zukunft, op. cit.*, pp. 268-269.

Significativamente, os dissabores do método são atribuídos à pessoa do autor, ao caráter já agora incômodo de um passado muito declaradamente nazista, e não à incompatibilidade entre uma cultura econômica e uma cultura política. A cultura da RFA acolheu favoravelmente o *management* de Bad Harzburg, que era perfeitamente compatível com ela: o ordo-liberalismo apresentava-se como uma liberdade enquadrada, e a economia social de mercado visava à integração das massas pela participação e a cogestão, para evitar a luta de classes e impedir que se resvalasse para o "bolchevismo". Höhn nunca abandonou seu quadro conceitual de referência, ao mesmo tempo um princípio e um ideal: o ideal da comunidade, de preferência fechada. E de fato foi uma comunidade de carreiras, intuições e culturas que, depois de 1949, "reconstruiu" os alicerces da produção econômica, do Estado e do exército. Os quadros do pós-guerra tinham manuseado suas primeiras armas no III *Reich*, e muitos vinham do SD da SS. A transição pessoal — nas carreiras — e conceitual — nas ideias — não foi em geral tão difícil: a "liberdade germânica" virava liberdade pura e simplesmente, o "esforço de armamento" se transmutava em reconstrução e o inimigo "judeo-bolchevique" já era exclusiva e hipocritamente soviético. Antes e depois de 1945, Reinhard Höhn foi sempre um homem do seu tempo.

É hoje, na verdade, que se coloca a questão: como uma sociedade política liberal, única e inédita na história humana, é capaz de tolerar, no terreno econômico, práticas tão manifestamente antagônicas a seus princípios mais fundamentais? O "gerenciamento pelo terror" e a alienação quase absoluta de indivíduos reduzidos a um simples "fator trabalho", a um mero "recurso humano" ou "capital produtivo", foram aclimatados em nossas sociedades com base no motivo, ou pretexto, da "globalização" e sua realidade baseada na concorrência. Isso não fora pressentido por Reinhard Höhn — que, na década de 1940, sonhava com um espaço econômico unificado no *Grossraum* germânico —, mas também nesse contexto seu método ainda pode ser útil. Nos últimos anos, com efeito, Reinhard Höhn e o método de Bad Harzburg voltaram a ser objeto da atenção pública. Em 2012, um quadro da rede de supermercados Aldi, monumento da sociedade de consumo alemã desde a década de 1950 e verdadeiro inventor do desconto, publicou um livro sobre sua dolorosa experiência de gerente de um centro de distribuição da empresa. Em *Liquidação na Aldi: um ex-gerente conta tudo*,[6] Andreas Straub descreve o mundo opressivo do controle e do assédio permanente. Desde a fundação, a Aldi assume orgulhosamente o método de gerenciamento de Bad Harzburg, como especifica seu manual destinado aos quadros, que pudemos consultar na versão francesa, intitulada *Manuel Responsable Secteur* (Manual dos responsáveis por setores). A rubrica M4, intitulada "Gerenciar os colaboradores", especifica:

> O representante sindical tentará desenvolver o debate com o conjunto da equipe, aplicando o modelo de Harzbourg [*sic*]. Esse modelo de gerenciamento caracteriza-se pelo princípio de delegação, ou seja, transmitir tarefas e responsabilidades a um colaborador, que então aceita o acompanhamento crítico e o controle do superior hierárquico. O superior hierárquico estabelece objetivos individuais e prazos de realização para cada colaborador. Seu papel é

---

6   Andreas Straub, *Aldi, einfach billig. Ein ehemaliger Manager packt aus*. Reinbek: Rowohlt Taschenbuch Verlag, 2012.

reconhecer e estimular as capacidades dos colaboradores e praticar uma crítica construtiva centrada no diálogo.[7]

Esse parágrafo, que não se distingue pela qualidade literária nem pelo mais elementar domínio da língua, nem por isso deixa de ser eloquente: a menção obrigatória da "crítica construtiva" e da cultura do "diálogo" não deixa dúvida quanto ao que é levado em conta do método de Bad Harzburg — ou melhor, da maneira como é concretamente posto em prática. O essencial é o estabelecimento dos "objetivos" e de "prazos" de realização e o exercício do "controle". É de fato o que é descrito por Andreas Straub e, em seguida, pelo semanário alemão *Der Spiegel*, que publica em 30 de abril de 2012 uma ampla reportagem sobre essa "empresa ébria de controle".[8] Em entrevista à revista, o autor do livro declara: "O sistema vive do controle total e do medo".[9] Tudo parece permitido quando se trata de garantir a "maximização do lucro": o controle das tarefas e da duração de sua execução é permanente, inclusive com recurso a câmeras para filmar os empregados. Dada a ilegalidade do procedimento, a Aldi prefere enviar às lojas "inspetores" que realizam "compras-teste" para avaliar o desempenho dos caixas. Irregularidades e anomalias são anotadas — fatalmente sempre ocorrerão — e servem quando for preciso justificar uma demissão. Para "mandar alguém para a rua", recorre-se a todo o histórico do processo de controle. Em uma entrevista em clima de tensão, "cria-se uma situação de pressão"

---

7   Aldi, *Manuel Responsable Secteur*, s.l.n.d., rubrica M4 (sem numeração de páginas).
8   "Konzern im Kontrollrausch", *Der Spiegel*, 30 de abril de 2012.
9   "Das System lebt von totaler Kontrolle und Angst", *Der Spiegel*, 2 de maio de 2012.

totalmente pré-fabricada: "duas ou três pessoas cobrem de recriminações o interessado" para fazê-lo desabar e aceitar uma rescisão de contrato (*Aufhebungsvertrag*) que exime a empresa de pagar indenizações pela demissão, em troca de um valor muito inferior. A estratégia da tensão chega ao auge nesse momento paroxístico, mas também é permanente, segundo Straub e os jornalistas do *Spiegel*: "O assédio e a pressão maciça são cotidianos".

Na Aldi-Süd, onde Straub trabalhou, inexistem "comitês sindicais", "absolutamente proibidos [...]. A direção foi bem clara: não queremos ser importunados por ninguém". Assim, ninguém inspeciona os inspetores.

EPÍLOGO

Em 1954, no momento em que Reinhard Höhn, empregado por um *think tank* do patronato alemão, a Sociedade de Economia Política (*Volkswirtschaftliche Gesellschaft*), trabalha na criação da sua escola de quadros de Bad Harzburg, Maurice Papon, ex-secretário-geral do governo do departamento francês da Gironda durante a ocupação alemã, e em seguida chefe do governo do departamento da Córsega e de Constantine, publica um ensaio sobre gestão intitulado *A era dos responsáveis*.[1] Num estilo descritivo e sem graça, Papon, agora secretário-geral da Chefatura de Polícia de Paris, apresenta em tediosa contrição suas lições de homem de decisões, para maior proveito do setor público e da empresa privada. O autor certamente tenta abrir caminho para alguma colocação pessoal fora da administração pública, conveniente conversão ao setor privado que de fato ocorreria mais tarde, em 1967. Depois de atuar a contento à frente da Chefatura de

---

1 Maurice Papon, *L'Ère des responsables. Essai sur une méthodologie de synthèse à l'usage des chefs dans la libre entreprise et dans l'État*. Túnis: La Rapide, 1954.

Polícia de Paris, especialmente durante a dura repressão das manifestações de 17 de outubro de 1961 contra os "acontecimentos" na Argélia, Maurice Papon é nomeado presidente da Sud Aviation (a futura Aérospatiale); faria em seguida carreira na política, como deputado e depois ministro do Orçamento do primeiro-ministro Raymond Barre, de 1978 a 1981, no fim dos sete anos da presidência de Valéry Giscard d'Estaing.

O *management*, que em outras épocas se chamava em francês de "organização", é uma reflexão sobre as estruturas de trabalho, a distribuição de tarefas, a definição de competências e responsabilidades. Nesse sentido, floresceu desde o fim do século XIX em contextos capitalistas liberais, como na França, com Fayol, e nos Estados Unidos, com Taylor, assim como na Rússia-URSS da Revolução Bolchevique e na Alemanha nazista. Como a ciência, poderíamos dizer (mas será que a ciência alguma vez o é realmente?), ele é um instrumento neutro que pode ser usado com ou sem discernimento, para garantir o bom funcionamento de um asilo de crianças doentes ou de uma fábrica de carros de combate. O que certamente é verdade, mas um pouco sumário.

O *management* elevado à categoria de disciplina de pleno direito, na teoria e na prática, abre caminho com o ensino em escolas especializadas ("de comércio" e de "business" na França, ou simplesmente de "*management*"), com escritórios de consultoria e com a dedicação dos empregados; e também é revelador ou sintoma de uma organização social singular. A "era dos responsáveis", o "século dos chefes",[2] ou o tempo do "process" (palavra inglesa em geral preferida às alternativas francesas — "procédure" [procedimento]

---

2 Yves Cohen, *Le Siècle des chefs. Une histoire transnationale du commandement et de l'autorité, 1890-1940*. Paris: Éditions Amsterdam, 2013.

ou "processus" [processo]) constituem a época das grandes estruturas de produção, da "gestão" das massas da era industrial e da fragmentação do trabalho em tarefas e funções especializadas, desde a segunda metade do século XIX. Verificou-se então que o que ocorria na loja e na oficina, e mesmo na manufatura — intuição, relação interpessoal, um certo tipo de improvisação — não valia mais nas grandes unidades de produção e nos contingentes muito numerosos de trabalhadores. A era da produção de massa foi a era dos chefes, é verdade, mas também dos consultores de engenharia[3] e mais adiante dos consultores de organização, direção e gestão. Num mundo de grande desencanto, o mundo da matéria a ser transformada e da natureza a dominar, o horizonte, puramente imanente, resume-se à produção e ao lucro — ou, mais precisamente, ao aumento de uma e à otimização do outro. O que vale, é verdade, em toda parte: das fábricas da Renault em Billancourt ou da Citroën em Javel à gigantesca forja de Fords T em Detroit, da URSS stalinista dos Planos Quinquenais em plena "recuperação" industrial à Alemanha nazista.

Isso nos oferece um observatório interessante para refletir sobre a gestão e nossa modernidade. Esse país, capturado por uma ideologia que se manifesta em atos, foi o paradoxal cenário de uma "modernidade reacionária"[4] que pôs a serviço de um projeto em parte arcaico (volta às origens, guerra

---

[3] Odile Henry, *Les Guérisseurs de l'économie. Sociogenèse du métier de consultant, 1900-1944*. Paris: CNRS éditions, 2012.

[4] Jeffrey Herf, *Reactionary Modernism. Technology, Culture, and Politics in Weimar and the Third Reich*. Cambridge: Cambridge University Press, 1984, trad. fr. Frédéric Joly, *Le Modernisme réactionnaire. Haine de la raison et culte de la technologie aux sources du nazisme*. Paris: L'Échappée, 2018.

zoológica) os recursos da modernidade científica, técnica e organizacional. A nosso ver, também é paradoxal a vontade de suscitar o consentimento e mesmo de produzir a adesão num país que podemos considerar como uma imensa prisão a céu aberto a partir de 1933, um vasto campo de concentração — o que foi o caso para uma parte da população, mas não para a imensa maioria, desde que fosse considerada de "boa raça" e se mantivesse quietinha e tranquila em questões políticas. Longe de ser uma simples aliança do microfone (propaganda) com o porrete (repressão) por trás do arame farpado e à sombra das guaritas, a Alemanha nazista foi uma organização complexa em que o poder buscava comprar o consentimento com o contentamento e se manteve quase permanentemente em negociação — pelo menos tácita — com o povo, até a explosão de violência que se abateu sobre os fracos e reticentes, senão sobre os resistentes, a partir do outono de 1944, no auge da guerra e do desastre.

Essa realidade política, mais participativa que repressiva, tinha um sentido ideológico: o objetivo era promover, contra a sociedade da luta de classes, o advento da comunidade dos "companheiros do povo/de raça" (*Volksgenossen*), de uma Alemanha unida em sua luta pela vida, livre das ideias ao mesmo tempo nefastas e falsas do individualismo liberal e do marxismo.

Ela também tinha uma razão de ser econômica: para se afirmar na arena das nações, para se impor no campo zoológico fechado que é a história, para sobreviver à concorrência dos outros povos e das outras raças e para se recuperar do atraso para entrar em ação, a Alemanha precisava produzir muito e dominar amplamente. Produzir muito: forjar uma força militar e armada que lhe permitisse retomar a guerra onde ela havia parado, em seu detrimento, em 1918. Dominar

EPÍLOGO

amplamente: conquistar um "espaço vital", ou seja, literalmente, um "biótopo" para sua população, que fosse também uma hinterlândia para sua indústria, uma retaguarda que lhe fornecesse matérias-primas (madeira da Polônia, metais russos...) e energias (petróleo do Cáucaso, alimentos ucranianos), pois o *Reich*, queixava-se Hitler, fora muito mal aquinhoado pela natureza e tinha um território pobre para as ambições legítimas e a excelência da raça germânica.

A produção alemã também exigia operários e empregados convictos da necessidade de sua tarefa e entusiastas no trabalho. A *Menschenführung* (direção das pessoas) nazista devia tomar o lugar da *Verwaltung* (administração) rígida e autoritária do passado, a "força de trabalho", o "capital" ou o "material humano" (*Menschenmaterial*) só podia ser plenamente eficaz e rentável se fosse livre e feliz, autônomo e rico em iniciativas — ou pelo menos se tivesse a ilusão de sê-lo.

Na encruzilhada da ideologia, da política e da economia, a *Menschenführung* nazista, esse pensamento do *management*, foi uma das principais expressões dessa característica do III *Reich* que os historiadores não se cansam de assinalar há cerca de trinta anos, tanto na história cultural[5] como na história social:[6] foi um regime participativo, pois visava produzir consenso.

---

5   Ver o estudo pioneiro de Peter Reichel sobre o III *Reich* como espetáculo e empreendimento de sedução: Peter Reichel, *Der schöne Schein des Dritten Reiches. Faszination und Gewalt des Faschismus*. Munique: Carl Hanser Verlag, 1991, trad. fr. Olivier Mannoni, *La Fascination du nazisme*. Paris: Odile Jacob, 1993.
6   Frank Bajohr e Michael Wildt (dir.), *Volksgemeinschaft. Neue Forschungen zur Gesellschaft des Nationalsozialismus*. Frankfurt: Fischer Verlag, 2009.

Desse modo, o regime que nos parece o mais opressivo jamais visto (e o foi, vale reiterar, para as centenas de milhares de alemães que vitimou, por motivos "políticos" ou "raciais") estimulou e financiou trabalhos e reflexões sobre um modo de organização não autoritário. O modelo, segundo Reinhard Höhn, que jamais abriria mão dele, era alemão por excelência — vale dizer, prussiano: sob o efeito do choque da derrota depois de 1806, os reformadores do exército prussiano conceberam a "tática de missão" (*Auftragstaktik*), para que os suboficiais e soldados desfrutassem um pouco da embriaguez da autonomia sentida pelos cidadãos-soldados franceses dos exércitos da Revolução e do Império. As ordens deviam ser vagas e genéricas, limitando-se a estabelecer objetivos (tomar tal colina antes do cair da noite, por exemplo): aquele que a recebia tinha liberdade de escolher o caminho, os meios e o método adequados para cumprir a missão. Essa margem de autonomia também acarretava maior responsabilidade: ter êxito na missão era algo esperado, fracassar denunciava fraqueza pessoal naquele que não conseguia cumpri-la. A autonomia também era de fachada: o subordinado tinha liberdade de escolher os meios, mas certamente não de definir a finalidade — de estabelecer o objetivo.

Para o jurista e general da SS Reinhard Höhn, apaixonado pelas questões organizacionais e de história militar, a reforma promovida com a *Auftragstaktik* representava o *nec plus ultra* da liberdade de ação. Depois de 1945, e particularmente depois da abertura da sua Academia de quadros de Bad Harzburg em 1956, ele transpôs esse modelo militar e administrativo para a economia privada, tornando-se um pensador do gerenciamento de serviços e da indústria. Em dezenas de obras publicadas e milhares de seminários, ele transformou a *Auftragstaktik* em "gerenciamento por delegação", supostamente

EPÍLOGO

antiautoritário, logo, com certificado democrático e *bundesrepublikanisch*. Enquanto a Bundeswehr adotava o princípio da *"innere Führung"* (autonomia de direção do soldado), em parte seguindo suas recomendações, o milagre econômico alemão se alimentava da "delegação de responsabilidade" na qual mais de duzentos mil quadros foram formados por Höhn e suas equipes entre 1956 e 1972, e cerca de quinhentos mil em seguida, até sua morte em 2000.

Seu método de *management*, hierárquico sem ser autoritário, proporcionava aos "colaboradores" o prazer de uma liberdade *adaptada*, na qual se tem liberdade de alcançar êxito executando da melhor maneira possível o que não se decidiu pessoalmente. Em perfeita continuidade com o que preconizava antes de 1945, Höhn imagina uma organização participativa. Antes de 1945, o operário e o empregado eram colegas de trabalho (*Betriebsgenosse*) do chefe (*Führer*), e não mais inimigos de classe dele. Depois de 1949, na RFA, o momento é de participação generalizada, na cogestão pretendida por Konrad Adenauer e Ludwig Erhard para evitar a luta de classes e qualquer risco de tentação comunista. Nesse contexto, a doutrina de Bad Harzburg serve de catecismo oficial nas empresas, nos exércitos e mais adiante na administração pública, uma espécie de religião da fábrica e do Estado perfeitamente harmonizada, graças à autonomia e à liberdade que parecia garantir, com as novas verdades de uma democracia e de uma economia liberais.

Reinhard Höhn era um antigo alto dirigente do SD e da SS que chegara ao fim da guerra com a patente de general. O que era do conhecimento de todos aqueles que, no exército e na indústria privada, enviavam seus quadros para seguirem a formação em Bad Harzburg, onde também ensinavam dois outros altos dirigentes da SS, Justus Beyer e Franz-Alfred

Six, esse convertido em professor de marketing, bem como um médico nazista fanático do eugenismo e do racismo, o professor Kötschau, agora distribuindo conselhos dietéticos e ergonômicos a quadros superiores esgotados. Foi necessário que os tempos mudassem, que uma geração passasse e que os social-democratas chegassem ao poder para que, depois de 1971, a sorte de Reinhard Höhn virasse. O clamor em torno do seu passado foi prejudicial à sua escola, enquanto seu método de gerenciamento passou a ser considerado excessivamente rígido, pouco aberto ao novo canto de sereia do trabalho em equipe e do "*team-building*" — o que não impediu Höhn de continuar publicando até 1995 (quando tinha 91 anos) e ser festejado, ao morrer em maio de 2000, como grande pensador da gestão contemporânea, em uma imprensa cujos obituários se mostraram inicialmente unânimes, da direita (*FAZ*) à esquerda (*Süddeutsche Zeitung*). Instrutivo destino de um ideólogo e tecnocrata radical de grande êxito em sua conversão e em sua segunda carreira. Um percurso que diz muito da Alemanha e da Europa da Guerra Fria: as redes de solidariedade entre antigos SS funcionaram a pleno vapor para facilitar a empreitada e garantir a prosperidade do prof. dr e *SS-Oberführer* Reinhard Höhn.

Esse destino quase tem também um valor de parábola, para ler e entender o mundo em que vivemos. Höhn foi suficientemente perspicaz e hábil para abrir mão do que sentia e afirmava antes de 1945 sobre os "sub-homens", os alógenos e os judeus. Em seus escritos do pós-guerra, não encontramos mais traços do antissemitismo e do racismo tão fundamentais na visão de mundo nazista. Mas uma coisa persiste nesse jurista apaixonado pela história militar: a ideia de que a vida é uma guerra e de que faz sentido buscar nos pensadores do exército alemão os métodos e

EPÍLOGO

as receitas de uma organização eficiente e de resultados. Trabalhador incansável, professor laborioso, polígrafo frenético, homem de redes e de atividade constante, Reinhard Höhn guardou do nazismo a ideia de que, tanto na luta pela vida como na guerra econômica, é necessário ter um bom desempenho e estimular o desempenho. Era um darwinismo social impenitente que, sob este aspecto, se sentia perfeitamente à vontade no mundo do "milagre econômico" das décadas de 1950 a 1970: altos índices de crescimento, produtividade e concorrência eram noções que os nazistas haviam levado ao ponto de incandescência em sua insaciável busca da produção e da dominação. Ser rentável/eficaz/produtivo (*leistungsfähig*) e se impor (*sich durchsetzen*) em um universo de concorrência (*Wettbewerb*) para vencer (*siegen*) na luta pela vida (*Lebenskampf*): todo esse vocabulário típico do pensamento nazista continuou sendo usado por ele depois de 1945, como ainda acontece hoje com demasiada frequência. Os nazistas não inventaram essas expressões — elas foram herdadas do darwinismo social militar, econômico e eugenista do Ocidente do período 1850-1930 —, mas as encarnaram e ilustraram de um modo que nos deveria fazer pensar sobre o que somos, pensamos e fazemos.

Devemos então, máquinas entre as máquinas que somos, enrijecer nossos corpos como o aço (*stählern*) em fábricas esportivas? Devemos "lutar" e sermos "combatentes"? Devemos "gerir" nossa vida, nossos amores e emoções e ter um bom desempenho na guerra econômica? São ideias que acarretam a reificação de si, do outro e do mundo — a transformação generalizada de toda existência, de todo ser em "objetos" e "fatores" (de produção), até o esgotamento e a devastação.

Eis o que evidencia o exemplo — extremo — de Reinhard Höhn: o "*management*" e seu reinado não são neutros, mas plenamente solidários de uma época das massas, da produção e da destruição que viveu suas mais belas décadas, na Europa e nos Estados Unidos, entre 1890 e 1970. Ela sofreu um primeiro golpe com os choques petrolíferos de 1973 e 1979, e um segundo, talvez, desde a década de 2000 e a crescente conscientização de que nossa civilização termo-industrial, nosso modo de vida e de produção ameaçam no curto prazo a própria vida na Terra.

A desconexão em relação à natureza e à realidade das produções e à realização do homem pelo trabalho, somada à crescente evaporação do sentido e do prazer que cada um pode ter na própria ocupação assalariada, deixa nossos contemporâneos apenas com essa curiosa abstração da "estrutura" e dos problemas que ela cria. A produção tradicional, do agricultor e do artesão, enfrentava as dificuldades concretas e reais da terra e da matéria. Na era do setor terciário e da virtualidade galopante, a organização do trabalho parece ter-se tornado a única realidade: conseguir um "*job*" para então ser avaliado e avaliar os outros passou a ser muitas vezes o único horizonte de uma "carreira" perfeitamente autorreferencial, sem outra finalidade senão ela própria, quando não é sentida pelo próprio assalariado como perfeitamente inútil, como um "*bullshit job*"[7] que precisa ser exercido para pagar as contas, passar o tempo e satisfazer certo imperativo de normalidade social. Nesse mundo, o "*management*" é rei e os problemas mais dolorosos (dores físicas e psíquicas que podem levar ao suicídio) são justamente os que parecem criados por ele.

---

[7] David Graeber, *Bullshit Jobs*. Nova York: Simon & Schuster, 2018; trad. fr. Élise Roy. Paris: Les Liens qui Libèrent, 2018.

EPÍLOGO

O modelo de Bad Harzburg não era pior que os outros — pelo contrário. Parecia promissor, ou pelo menos rico de um amanhã menos autoritário. Mas revelou-se perverso, tão perverso quanto um (antigo) nazista celebrando a liberdade. A observação da realidade gerencial contemporânea não inspira muito mais otimismo: o presente momento social e judiciário, entre chefetes e dramas humanos, processos contra a France Télécom[8] e entrepostos da Amazon, apresenta um panorama extremamente sombrio da organização produtiva. Seria uma fatalidade? Tudo na reflexão e na realidade gerencial seria problemático, nefasto ou perverso? Sem chegar a invocar a Queda e a partida precipitada do paraíso original, sem falar necessariamente de uma fatalidade antropológica incoercível, podemos pensar que o problema reside na fé quase cega com que as pessoas se referem, no mundo do trabalho, ao *"management"* hipostasiado, transformado em lei e profeta. Lei porque esse empenho de teorização das relações de trabalho, não raro banal, pouco apaixonante e mesmo intelectualmente indigente, é constantemente invocado como recurso ou desculpa. Profeta porque o "management" tornou-se uma metonímia: designa não apenas uma atividade

---

[8] Referência ao clamoroso caso de "assédio moral institucional" sofrido pelos empregados dessa empresa, no contexto da política industrial adotada a partir de meados da década de 2000. Nesse momento, radicais transformações ocorridas no mercado da telefonia levaram os dirigentes da France Télécom a adotar medidas de economia, promover grande número de demissões e submeter os empregados a pressões alinhadas com objetivos financeiros. Houve casos de suicídio. A questão, levada aos tribunais, mobilizou fortemente a opinião pública e culminou em 2022 com a condenação do presidente diretor-geral, do segundo homem da hierarquia e de outros funcionários a penas de multa e prisão com sursis. [N.T.]

teórica e um conjunto de princípios, mas também aqueles que o aplicam, assim como uma forma de totem ou ídolo, um velocino que não seria de ouro, mas de chumbo.

Aprofundando, podemos considerar que o problema reside no vínculo de subordinação inerente ao contrato de trabalho, que estipula que um agente X deve executar uma tarefa definida por um superior Y — quaisquer que sejam as modalidades dessa execução e as características da relação entre aquele que ordena e aquele que produz (autoritária ou liberal, sob assédio ou confiante). É a questão da autonomia a ser dada ao executante que preocupa os pensadores da organização e distingue as teorias (ou modos) gerenciais, da subordinação estrita e quase militar de um Fayol às práticas mais recentes da empresa "liberada", passando por todas as nuances (ou todos os excessos) da coação e do desempenho: gestão autoritária, de objetivos, estresse, terror ou, em reação, *slow management*, gerenciamento benevolente, humanista etc.

No fundo, foi o problema da autonomia, senão da liberdade, que se colocou para os filósofos e pensadores da cidade pelo menos desde o século XVII: como renunciar ao estado de natureza e a seus perigos sem abdicar demais da própria liberdade natural na sociedade assim criada? Fundadora da reflexão contratualista, das teorias do contrato social e das *sociedades* contemporâneas, essa questão é posta de lado pelos pensadores da *comunidade*, como Reinhard Höhn e seus colegas juristas do III *Reich*. A comunidade é a reunião natural e espontânea dos homens livres, livres por natureza pelo próprio fato de sua obediência, pois, obedecendo ao *Führer*, obedecem apenas a si mesmos, ao instinto mais puro e mais sadio da raça germânica. O que é verdadeiro na escala do *Reich* também o é na escala do *Betrieb*, da empresa, que ganha vida por obra de uma "comunidade" de chefes

EPÍLOGO

e companheiros (*Genossen*) ou colaboradores (*Mitarbeiter*). Para um gerente que se respeite, a questão da liberdade é tola e inútil: o indivíduo é livre por definição, pelo simples fato de participar da comunidade, seja ela *Gemeinschaft* ou *team*. A questão da liberdade no grupo e apesar dele impregnou profundamente as reflexões e debates sobre a sociedade política nos séculos XVII e XVIII — sem deixar de se colocar concretamente, por sinal — e em seguida envolveu também a sociedade econômica, a empresa, transformada em organização e realidade de massa no século XIX, tanto nos setores de produção de bens como no de serviços. A era das massas foi a era da massificação da condição de assalariado e assistiu ao advento de mastodontes organizacionais cuja estruturação interna tornou-se uma "ciência" — a ciência do gerenciamento, justamente. Pensadores políticos sensíveis a essa evolução econômica responderam muito cedo que a salvação estava na recusa: recusa da hierarquia, da autoridade, recusa da coerção e da subordinação — em suma, a anarquia, no sentido mais estrito da palavra (recusa do poder de coagir). Essa resposta inaugurava uma nova sociedade política, sem sociedades econômicas, sem empresas, ou só de tamanho muito reduzido. Revelava-se que o ideal, como já se via em Rousseau, era o trabalhador independente — o relojoeiro ou joalheiro das montanhas do Jura, o produtor livre ou o artista, louvados por Proudhon e caros a seu compatriota Courbet, que compartilhava suas ideias. Esses autores e essas ideias continuam inspirando práticas alternativas, das cooperativas igualitárias às conversões neorrurais, passando pelos quadros cansados da própria alienação que retomam uma atividade artesanal enfim independente. Uma Arcádia an-árquica, livre da subordinação e do gerenciamento, mas que nem por isso é um paraíso. A realidade do trabalho, do esforço a ser feito, de certa ansiedade em relação ao resultado, permanece, mas sem a alienação. Como é bom trabalhar por conta própria, dizem aqueles que se sentem felizes por reformar uma casa e dar vida novamente à horta. Solipsismo ingênuo e irresponsável? Talvez não, como demonstra o sucesso da economia social e solidária — e a partilha de legumes da referida horta: é possível trabalhar para si mesmo e ser útil aos outros. Estamos aqui nos antípodas das estruturas, dos ideais e do mundo de Reinhard Höhn, ao qual podemos preferir Hegel: o trabalho humano é o trabalho não alienado, que permite ao espírito se *realizar* e se conhecer pela produção de uma coisa (*res*) que o expressa e se parece com ele — confeitaria ou estacaria, livro ou objeto manufaturado —, e não essa atividade que reifica o indivíduo, transformando-o em objeto — "recurso humano", "fator trabalho", "massa salarial" — condenado ao *benchmarking*, à entrevista de avaliação e à inevitável reunião com PowerPoint.

Disciplinar homens e mulheres, considerando-os como simples fatores de produção e devastar a Terra, entendida como um simples objeto, caminham de mãos dadas. Levando a destruição da natureza e a exploração da "força vital" a níveis inéditos, os nazistas surgem como a imagem deformada e reveladora de uma modernidade enlouquecida — servida por ilusões ("vitória final" ou "retomada do crescimento") e mentiras ("liberdade", "autonomia") que tiveram pensadores do gerenciamento como Reinhard Höhn como hábeis artesãos.

Mas seu destino pessoal mostra que as ideias têm seu tempo e seus autores, sua época. Höhn sofreu com as revelações sobre seu passado e as críticas a seu modelo gerencial — críticas internas, complementadas com outros modelos.

Os tempos também podem mudar por efeito de circunstâncias mais gerais e prementes: o que pensamos a nosso próprio respeito, a respeito do outro e do mundo, inspirados em ideias de "gestão", "luta" e "gerenciamento" durante algumas décadas de economia altamente produtivista e distrações bem orientadas (do "elo mais fraco" aos *reality shows* de competição), talvez venha a mudar em virtude do caráter perfeitamente irrealista da nossa organização econômica e dos nossos "valores".

Talvez nossos filhos os considerem tão estranhos e distantes quanto nos parece hoje o jovem SS e velho professor de Bad Harzburg que ruminava a derrota do *Reich* e tentava sublimá-la transformando seu país num gigante econômico.

ORIENTAÇÃO BIBLIOGRÁFICA

AGAMBEN, Giorgio. *Homo sacer. Le pouvoir souverain et la vie nue*, trad. Marilène Raiola. Paris: Éditions du Seuil, 1997.

_____. *Meios sem fim: notas sobre a política*. Belo Horizonte: Autêntica, 2015.

BAJOHR, Frank e WILDT, Michael (dir.). *Volksgemeinschaft. Neue Forschungen zur Gesellschaft des Nationalsozialismus*. Frankfurt: Fischer Verlag, 2009.

BAUMAN, Zygmunt. *Modernidade e holocausto*. Rio de Janeiro: Zahar, 1998.

BOLTANSKI, Luc e CHIAPELLO, Ève. *O novo espírito do capitalismo*. São Paulo: WMF, 2020.

Braunbuch. Kriegs-und Naziverbrecher in der Bundesrepublik. Staal, Wirtschaft, Armee, Verwaltung, Justiz, Wissenschaft. Berlim: Nationalrat der nationalen Front des Demokratischen Deutschland und Dokumentationszentrum der Staatlichen Archivverwaltung der DDR, 1965.

CAR, Ronald. "Community of neighbors vs. society of merchants. The genesis of Reinhard Höhn's state theory", *Politics, Religion and Ideology*, vol. 16, n° 1, 2015, pp. 1-22.

CHAMAYOU, Grégoire. *A sociedade ingovernável: uma genealogia do liberalismo autoritário*. São Paulo: Ubu, 2020.

CHAPOUTOT, Johann. *La Loi du sang. Penser et agir en nazi*. Paris: Gallimard, col. *Bibliothèque des Histoires*, 2014.

_____. *A revolução cultural nazista*. Rio de Janeiro: Da Vinci Livros, 2022.

COHEN, Yves. *Le Siècle des chefs. Une histoire transnationale du commandement et de l'autorité, 1890-1940*. Paris: Éditions Amsterdam, 2013.

CRAWFORD, Matthew. *Shop Class as Soulcraft. An Inquiry Into the Value of Work*. Londres-Nova York: The Penguin Press, 2009; trad. fr. Marc Saint-Upéry, *Éloge du carburateur. Essai sur le sens et la valeur du travail*. Paris: La Découverte, 2016.

DREIER, Horst; PAULY, Walter et alii. *Die deutsche Staatsrechtslehre in der Zeit des Nationalsozialismus*. Berlim: De Gruyter, 2000.

DUJARIER, Marie-Anne. *Le Management désincarné. Enquête sur les nouveaux cadres du travail*. Paris: La Découverte, 2015.

FREI, Norbert (dir.). *Karrieren im Zwielicht. Hitlers Eliten nach 1945*. Frankfurt-Nova York: Campus Verlag, 2002.

GALL, Lothar e POHL, Manfred (dir.). *Unternehmen im Nationalsozialismus*. Munique: Beck Verlag, 1998.

GAULÉJAC, Vincent de. *Gestão como doença social: ideologia, poder gerencialista e fragmentação social*. Aparecida: Ideias e Letras, 2007.

GRÜNBACHER, Armin. "The Americanisation that never was? The first decade of the Baden-Badener Unternehmergespräche, 1954-64 and top management training in 1950s Germany", *Business History*, vol. 54, n° 2, abril de 2012, pp. 245-262.

_____. *West German Industrialists and the Making of an Economic Miracle. A History of Mentality and Recovery*. Londres: Bloomsbury, 2017.

HACHMEISTER, Lutz. *Der Gegnerforscher. Die Karriere des SS-Führers Franz Alfred Six*. Munique: Beck Verlag, 1998.

_____. "Die Rolle des SD-Personals in der Nachkriegszeit. Zur nationalsozialistischen Durchdringung der Bundesrepublik", em WILDT, Michael (dir.). *Nachrichtendienst, politische Elite und Mordeinheit. Der Sicherheitsdienst des Reichsführers SS*. Hamburgo: Hamburger Edition, 2016, pp. 347-369.

_____. *Schleyer. Eine deutsche Geschichte*. Munique: Beck Verlag, 2004.

HENRY, Odile. *Les Guérisseurs de l'économie. Sociogenèse du métier de consultant, 1900-1944*. Paris: CNRS éditions, 2012.

HERBERT, Ulrich. *Best: biographische Studien über Radikalismus, Weltanschauung und Vernunft, 1903-1989*. Bonn: J. H. W. Dietz, 1996; trad. fr. Dominique Viollet, *Werner Best. Un nazi de l'ombre*. Paris: Tallandier, 2010.

_____. "Generation der Sachlichkeit", em BAJOHR, Frank (dir.). *Zivilisation und Barbarei. Die widersprüchlichen Potentiale der Moderne. Detlev Peukert zum Gedenken*. Hamburgo: Christians, 1991, pp. 115-144.

HERF, Jeffrey. *Reactionary Modernism. Technology, Culture and Politics in Weimar and the Third Reich*. Cambridge: Cambridge University Press, 1984; trad. fr. Frédéric Joly. *Le Modernisme réactionnaire. Haine de la raison et culte de la technologie aux sources du nazisme*. Paris: L'Échappée, 2018.

HÖHN, Reinhard. *Revolution, Heer, Kriegsbild*. Darmstadt: Wittich, 1944.

INGRAO, Christian. *Crer e destruir: os intelectuais na máquina de guerra da SS nazista*. Rio de Janeiro: Zahar, 2015.

JOUANJAN, Olivier. *Justifier l'injustifiable. L'ordre du discours juridique nazi*. Paris: PUF, 2016.

_____. "Reinhard Höhn, juriste, SS, manager", em BARUCH, Marc-Olivier (dir.). *Faire des choix? Les fonctionnaires dans l'Europe des dictatures, 1933-1948*. Paris: La Documentation Française, 2014, pp. 99-125.

KAIENBURG, Hermann. *Die Wirtschaft der SS*. Berlim: Metropol Verlag, 2003.

KLEE, Ernst. "Kötschau, Karl, Prof. Dr.", em *Das Personenlexikon zum Dritten Reich. Wer war was vor und nach 1945*. Frankfurt: Fischer Taschenbuch Verlag, 2ª ed., 2007, p. 327.

KONITZER, Werner e PALME, David (dir.). *"Arbeit", "Volk", "Gemeinschaft". Ethik und Ethiken im National-sozialismus*. Frankfurt-Nova York: Campus Verlag, 2016.

LEGENDRE, Pierre. *Dominium mundi: L'empire du management*. Paris: Mille et une nuits/Fayard, 2007.

LINDNER, Stephan. *Hoechst, ein IG Farben Werk im Dritten Reich*. Munique, Beck Verlag, 2005; trad. fr. Hervé Joly, *Au cœur de l'IG Farben. L'usine chimique de Hoechst sous le Troisième Reich*. Paris: Les Belles Lettres, 2010.

LINHART, Danièle. *La Comédie humaine du travail. De la déshumanisation taylorienne à la sur-humanisation managériale*. Toulouse: Érès, 2015.

_____. "La subordination au travail: entre consentement et contrainte?", em FAUGERAS, Patrick (dir.). *L'Intime Désaccord. Entre contrainte et consentement*. Toulouse: Érès, 2017, pp. 223-240.

MANTEL, Peter. *Betriebswirtschaftslehre und Nationalsozialismus. Eine institutionen- und personengeschichtliche Studie*. Wiesbaden: Gabler Verlag, 2009.

MEINEL, Florian. *Der Jurist in der industriellen Gesellschaft. Ernst Fortshoff und seine Zeit*. Berlim: Akademie Verlag, 2011.

MÜLLER, Alexander. *Reinhard Höhn. Ein Leben zwischen Kontinuität und Neubeginn*. Berlim: Be. Bra Wissenschaft Verlag, 2019.

REBENTISCH, Dieter. *Führerstaat und Verwaltung im Zweiten Weltkrieg. Verfassungsentwicklung und Verwaltungspolitik 1939-1945*. Stuttgart: Steiner, 1989.

REBENTISCH, Dieter e TEPPE, Karl (dir.). *Verwaltung contra Menschenführung im Staat Hitlers. Studien zum politisch-administrativen System*. Göttingen: Vandenhoeck & Ruprecht, 1986.

REICHEL, Peter. *Der schöne Schein des Dritten Reiches. Faszination und Gewalt des Faschismus*. Munique: Carl Hanser Verlag, 1991; trad. fr. Olivier Mannoni, *La Fascination du nazisme*. Paris: Odile Jacob, 1993.

REUBER, Christian. *Der lange Weg an die Spitze. Karrieren von Führungskräften deutscher Grossunternehmen 20. Jahrhundert*. Frankfurt: Campus Verlag, 2012.

RÜTHERS, Bernd. "Reinhard Höhn, Carl Schmitt und andere — Geschichten und Legenden aus der NS-Zeit", *Neue Juristische Wochenschrift*, 39, 2000, pp. 2866-2871.

SALDERN, Adelheid von. "Das 'Harzburger Modell'. Ein Ordnungssystem für bundesrepublikanische Unternehmen, 1960-1975", em ETZEMÜLLER, Thomas (dir.). *Die Ordnung der Moderne. Social Engineering im 20. Jahrhundert*. Bielefeld: Transcript Verlag, 2009, pp. 303-329.

SCHMID, Daniel C. "'Quo vadis, Homo harzburgensis?' Aufstieg und Niedergang des 'Harzburger Modells'", *Zeitschrift für Unternehmensgeschichte*, vol. 59, nº 1, 2014, pp. 73-98.

SCHROEDER, Klaus-Peter. *"Eine Universität für Juristen und von Juristen". Die Heidelberger juristische Fakultät im 19. und 20. Jahrhundert*. Tübingen: Mohr Siebeck, 2010.

SCHULTE, Jan Erik. *Zwangsarbeit und Vernichtung. Das Wirtschaftsimperium der SS. Oswald Pohl und das SS-Wirtschafts--Verwaltungshauptamt 1933-1945*. Paderborn: Schöningh, 2001.

SMELSER, Ronald e SYRING, Enrico (dir.). *Die SS: Elite unter dem Totenkopf. 30 Lebensläufe*. Paderborn: Schöningh, 2000.

SMELSER, Ronald; SYRING, Enrico e ZITELMANN, Rainer (dir.). *Die braune Elite II. 21 weitere biographische Skizzen*. Darmstadt: Wissenschaftliche Buchgesellschaft, 1993.

STIEGLER, Barbara. *"Il faut s'adapter". Sur un nouvel impératif politique.* Paris: Gallimard, col. NRF Essais, 2019.

STOLLEIS, Michael. *Geschichte des öffentlichen Rechts in Deutschland*, tomo III, *Staats- und Verwaltungsrechtswissenschaft in Republik und Diktatur 1914 bis 1945*. Munique: Beck Verlag, 1999.

SUPIOT, Alain. *Le Travail n'est pas une marchandise. Contenu et sens du travail au XXIe siècle*. Paris: Éditions du Collège de France, 2019.

TOOZE, Adam. *The Wages of Destruction. The Making and Breaking of the Nazi Economy*. Londres: Penguin Books, 2007, trad. fr. Pierre-Emmanuel Dauzat, *Le Salaire de la destruction. Formation et ruine de l'économie nazie*. Paris: Les Belles Lettres, 2012.

WILDT, Michael. "Der Fall Reinhard Höhn. Vom Reichssicherheitshauptamt zur Harzburger Akademie", em GALLUS, Alexander e SCHILDT, Axel (dir.); *Rückblickend in die Zukunft. Politische Öffentlichkeit und intellektuelle Positionen in Deutschland um 1950 und um 1930*. Göttingen: Wallstein Verlag, 2011, pp. 254-274.

_____. *Generation des Unbedingten. Das Führungskorps des Reichssicherheitshauptamtes*. Hamburgo: Hamburger Edition, 2002.

ÍNDICE ONOMÁSTICO

ADENAUER, Konrad: 24, 90, 143.
AGAMBEN, Giorgio: 15.
ALDI: 94, 133, 134, 135.
ALY, Götz: 15, 72.
Amazon: 147.
ASCHENBACH, Ernst: 89, 90.

BACKE, Herbert: 10-14, 28.
BARBIE, Klaus: 88.
BARRE, Raymond: 138.
BAUMAN, Zygmunt: 15.
Bayer: 94.
Beate Uhse International: 95.
BEST, Werner: 25, 29, 30, 31, 53, 56, 57, 82, 90, 94.
BEYER, Justus: 92, 93, 143.
BISMARCK, Otto von: 50, 73.
BMW: 94.
BODIN, Jean: 57.
BONAPARTE, Napoleão: *ver* NAPOLEÃO I
BORMANN, Martin: 39.

BOULAINVILLIERS, Henri de: 56.
BRANDT, Willy: 129.

Citroën: 139.
Clausen: 60, 74.
CLAUSEWITZ, Carl von: 31, 99, 111.
CLAUSS, Ludwig-Ferdinand: 67.
Cognos: 131.
Colgate: 95.
COURBET, Gustave: 149.

DARRÉ, Richard Walther: 11, 13.
DIRLEWANGER, Oskar: 9.
DRUCKER, Peter: 113, 130.

EICHMANN, Adolf: 88.
ERHARD, Ludwig: 118, 143.
ERNST, Waldemar: 22.
Esso: 94.

FAYOL, Henri: 113, 138, 148.
FICHTE, Johann Gottlieb: 56.
Ford: 75, 78, 95, 139.
FORD, Henry: 75.
FRANK, Hans: 24, 57, 62.
FREDERICO II, rei da Prússia: 35, 99-101.
FREISLER, Roland: 24.

GISCARD D'ESTAING, Valéry: 138.
GLOBKE, Hans: 24.
GNEISENAU, August Neidhardt von: 31, 111.
GOEBBELS, Joseph: 35, 38, 39, 41.

GÖRING, Hermann: 11, 33, 37-40.
GUILHERME II, imperador da Alemanha: 72, 92, 119.

HACHMEISTER, Lutz: 82-84, 89, 94.
HARBOU, Thea von: 60.
HARDENBERG, Karl-August von: 31.
HARLAN, Veit: 60.
HEGEL, Georg Wilhelm Friedrich: 71, 150.
HEINE, Heinrich: 71.
Hewlett-Packard (HP): 95.
HEYDRICH, Reinhard: 9, 41, 85, 86, 93.
HIMMLER, Heinrich: 9, 11, 16, 25, 29, 30, 38, 40, 41, 43, 56, 57, 85-88, 93, 113, 128.
HITLER, Adolf: 9, 11, 16, 22-24, 35, 36, 41, 57, 59, 67, 69, 72-74, 77, 83, 85, 86, 112, 141.
Hoechst: 94.
HÖHN, Reinhard: 23, 44-47, 53, 56-58, 62, 81-95, 97-99, 101-107, 109, 111-125, 127-133, 137, 142-145, 148, 150.
HUMBOLDT, Wilhelm von: 31.

JANNINGS, Emil: 60.
JÜNGER, Ernst: 67, 68.

KAMMLER, Hans: 16.
KARAJAN, Herbert von: 76.
KÄSTNER, Erich: 129.
KERSHAW, Ian: 41.
KIESINGER, Kurt-Georg: 129.
KLARSFELD, Beate: 129.
KOCH, Robert: 35.
KOHL, Helmut: 125.
KOLLWITZ, Käthe: 71.

KÖTSCHAU, Karl: 115, 116, 144.
KRÜGER, Friedrich-Wilhelm: 9.
Krupp: 95.

LABS, Walter: 27, 28.
LANG, Fritz: 60.
LENZ, Siegfried: 129.
LEY, Robert: 41.
LUETGEBRUNE, Walter: 24.
LUÍS XIV, rei da França: 45, 47, 58, 62.

MANN, Heinrich: 119.
MANN, Thomas: 119.
MARX, Karl: 65.
MENGELE, Josef: 82, 83, 87, 88.
MEYER, Konrad: 44.
MONTESQUIEU, Charles Louis de Secondat, barão de La Brède e de: 56.

NAPOLEÃO I: 56, 98, 100, 104, 106, 107.
NAUMANN, Friedrich: 36.
NEBE, Arthur: 93.

OHLENDORF, Otto: 82.
Opel: 95.

PAPON, Maurice: 137, 138.
PETERS, Carl: 35.
PINNOW, Daniel: 131.
POHL, Oswald: 16.
Porsche: 94.
PORSCHE, Ferdinand: 78.
PROUDHON, Pierre-Joseph: 149.

REBENTISCH, Dieter: 61.
RIBBENTROP, Joachim von: 39.
RICHELIEU, Armand Jean du Plessis, duque de: 45.
RIEFENSTAHL, Leni: 36, 37.
ROMMEL, Erwin: 21.
ROSENBERG, Alfred: 38, 40.
ROUSSEAU, Jean-Jacques: 65, 149.

SCHARNHORST, Gerhard von: 31, 97-100, 105-109, 111-113, 119.
SCHILLER, Karl: 127.
SCHLEYER, Hans-Martin: 84, 129.
SCHMIDT, Helmut: 129.
SCHMITT, Carl: 44, 85, 86, 124.
SCHNEIDER, Hans: 87.
SCHWERTE, Hans: 87.
SIX, Franz-Alfred: 86, 93, 94, 144.
SPEER, Albert: 16, 38.
SPENCER, Herbert: 50.
STALIN, Iossif Vissarionovich Djugachvili, vulgo Joseph: 10.
STEIN, Heinrich vom und zum: 31.
STRAUB, Andreas: 133-135.
STUCKART, Wilhelm: 24-30, 53, 82.
Sud Aviation (Aérospatiale): 138.

TÁCITO: 55.
TAYLOR, Frederick: 138.
Telefunken: 94.
Thyssen: 95.
TODT, Fritz: 43.

WALLRAF, Günther: 129.

Este livro foi composto com as fontes Baskerville e Minion Pro.
O papel do miolo é o Pólen Natural 80g/m².

A Gráfica Viena concluiu esta impressão
para a Da Vinci Livros em fevereiro de 2025.

A primeira tiragem deste livro saiu em setembro de 2023,
mês que marcou o cinquentenário do golpe de Estado
que derrubou Salvador Allende da presidência do Chile
para implementar o neoliberalismo e executar um programa
sistemático de assassinatos de milhares de comunistas,
socialistas e democratas. Augusto Pinochet, o ditador chileno,
foi um fiel protetor tanto dos nazistas que fugiram para o
país sul-americano após o fim da Segunda Guerra Mundial
quanto dos discípulos da liberal Escola de Chicago.